INDUSTRIAL POLICY AND
ENTERPRISES' TECHNOLOGICAL
INNOVATION–RESEARCH ON
STRATEGIC EMERGING INDUSTRIES

产业政策与企业技术创新：
基于战略性新兴产业的研究

徐海龙◎著

经济管理出版社
ECONOMY & MANAGEMENT PUBLISHING HOUSE

图书在版编目（CIP）数据

产业政策与企业技术创新：基于战略性新兴产业的研究/徐海龙著. —北京：经济管理
出版社，2021.6
ISBN 978-7-5096-8080-3

Ⅰ.①产… Ⅱ.①徐… Ⅲ.①新兴产业—产业政策—研究—中国 ②新兴产业—产业
发展—研究—中国 Ⅳ.①F279.244.4 ②F249.24

中国版本图书馆 CIP 数据核字（2021）第 120294 号

组稿编辑：赵亚荣
责任编辑：赵亚荣
责任印制：黄章平
责任校对：王淑卿

出版发行：经济管理出版社
　　　　　（北京市海淀区北蜂窝 8 号中雅大厦 A 座 11 层　100038）
网　　　址：www. E-mp. com. cn
电　　　话：（010）51915602
印　　　刷：北京晨旭印刷厂
经　　　销：新华书店
开　　　本：710mm×1000mm /16
印　　　张：9
字　　　数：157 千字
版　　　次：2021 年 7 月第 1 版　　2021 年 7 月第 1 次印刷
书　　　号：ISBN 978-7-5096-8080-3
定　　　价：68.00 元

前　言

改革开放以来，中国经济发展成就举世瞩目。中国经济能够创造"东亚奇迹"，与改革开放以来我国实施的大规模的产业政策密不可分。随着我国经济由高速增长阶段向高质量发展阶段迈进，政府依靠产业政策实现产业结构调整和经济增长动力转换的倾向性越来越大，以至于产业政策"无孔不入"。与此同时，我国产业政策实施的政策工具却较为有限且精准度不高，导致了大规模的资源错配。在理论层面，国内外学术界针对产业政策的必要性、有效性等的研究尚没有形成统一的结论，关于产业政策的制定、实施和转型也众说纷纭。尤其是在产业转型升级的当下，技术创新在经济发展中的引领作用愈加突出，促进企业技术创新成为产业政策的目标之一，但是我国产业政策如何促进企业技术创新，以及能否促进企业技术创新均未形成一定的理论基础。在实践层面，我国产业政策具有明显的干预性特征，旨在促进企业技术创新的补贴、税收优惠和金融支持机制，却引致了部分产业的产能过剩和"骗补"行为，而融资难和融资贵依然是制约中小型科技企业发展的重要因素。企业以"寻扶持"的"策略式创新"代替"实质性创新"。本书围绕产业政策与企业技术创新进行理论机制分析和实证检验，针对以上问题的分析为当前产业政策在技术创新领域的有效性提供了理论依据，进一步的实证分析为中国战略性新兴产业扶持政策转型提供了依据。

第一，本书在梳理产业政策和企业创新相关研究的基础上，厘清了当前产业政策研究的主要方向，包括产业政策的必要性和有效性研究、产业政策的制定和实施及转型研究。企业创新的文献综述则围绕创新理论、效率理论和效率评价方法以及企业技术创新效率影响因素分析展开。第二，本书对相关的重要概念进行了界定，对市场失灵理论、幼稚产业保护理论以及政府失灵理论等重要理论进行了回顾。第三，本书回顾了改革开放以来我国产业政策在不同阶段的特点，深入分析了战略性新兴产业相关的产业政策，总结了我国产业政策在支持企业技术创新方面出现的问题。第四，在对中国战略性新兴产业政策反思的基础上，本书深入探讨了战略性新兴产业政策促进企业技术创新的理论机制，围绕市场竞争、政府补贴、税收优惠和金融支持阐述了政策传导过程和政策实施效果。然后采用双重差分和混合回归方法，利用我国战略性新兴产业上市公司数据对传导机制假设和政策工具效果进行实证检验。进一步地，本书在控制其他影响因素的基础上，利用随机前沿分析方法（SFA）测算了 2015～2017 年样本企业分行业（七大产业）的技术创新效率，并进一步利用回归方法检验了政策工具对企业技术创新效率变化的影响效应。

实证结果显示，战略性新兴产业的发展离不开政府的政策支持，尤其是技术创新方面。但是，市场竞争才是促进企业技术创新的最为主要和有效的动力来源，与其他制造业行业相比，政府针对战略性新兴产业实施的政府补贴、税收优惠和信贷支持并未给产业内企业技术创新投入和产出带来显著的影响。资金约束仍然是制约企业技术效率提升的关键因素。政府补贴和税收优惠对战略性新兴产业企业技术创新效率的提升影响并不显著，这种极强的行政干预手段尽管提升了企业创新产出，但是以更大规模的技术创新投入实现的，并没有带来资源配置效率的提升，反而造成了创新资源的浪费。

本书采用了更为全面的指标衡量企业技术创新水平，创新开展了产业政策与企业技术创新之间的直接传导机制研究，区分了产业政策对不同导向企业技术创新的影响效应。因此，本书建议未来制定产业政策时，首先，应当明确产业政策实施边界，形成产业政策公平竞争性审查机制，及时废止和清理对市场竞争"有害"的产业政策。其次，转变政策支持方式，产业政策向创新政策收敛的同时，选择恰当的产业政策工具支持战略性新兴产业技术创新。最后，产业政策支持企业技术创新应当以提升企业技术创新效率为目标，产业政策的实施应当强化政策工具的精准运用，细化政策扶持标准。

Preface

After forty years' Reform and Opening up, China's economy achievements have drawn the attention worldwide, the "Asian Miracle" that China's economy has created is closely related with the large scale industry policies. As China's economy is moving from the stage of rapid growth to the high-quality growth, the inclination that the government uses industry policies to adjust industry structure and change economy growth momentum keeps increasing, which lead to the industry policies spread pervasively. At the same time, the limitation and inaccuracy of policy instruments lead to a large scale resources misallocation. Theoretically, the domestic and international academia haven't achieved a unified conclusion regarding the necessity and effectiveness of the industry policy, thoughts over enactment, implementation and transformation of industry policies are greatly diverged. Especially at the current industry's transformation and upgrading period, the leading role that technology innovation has played become more prominent, which facilitate enterprise' technological innovation becomes one of the objective of industry policy, however, how and whether could our industry policies promote the enterprise technology innovation, still haven't form a basic theory. In practice, our industry policy possess an obvious feature of interference, solutions aiming to promote technological innovation such as government subsidiary, tax incentives and financial supports lead to the overcapacity in some industries and "subsidiary fraud", while the financing difficulties and high financial cost are still important factors restricting the development of small and medium-sized technology companies. Companies use "Support Seeking" and "Strategic Innovation" to replace the "Substantial Innovation". This paper conducts theory mechanism analysis and empirical analysis over the industry policy and enterprise's technological innovation, providing theories regarding the effectiveness of the current technological innovation industry policies with respect to the above mentioned problems. Further empirical analysis provides basis for the transformation of supporting policies of strategic emerging industries.

First of all, based on the elaboration of the research over industry policy and enterprise's innovation, this paper clarifies the main direction of the current industry policy research, including the research of necessity and effectiveness analysis, research of policy's formulation, implementation and transformation analysis. The literature review on enterprise innovation is derived from the innovation theory, efficiency theory, efficiency evaluation methods and influential factor analysis of enterprise's technological innovation efficiency. Secondly, this paper defines several concepts related with the writing of the dissertation, and retrospects important theories including Market Failure Theory, the Infant-Industry Theory, and Government Failure Theory. Thirdly, this paper retrospects characteristics of our industry's policies of different stages after the Reform and Open-up.

Based on the reflection of China's strategic emerging industrie's policies, this paper takes an in-depth discussion over the theoretical mechanism which the strategic emerging industry's policies implemented in promoting enterprise's technological innovation, and illustrates the policy transmission process and policy implementing effects with respect to market competition, government subsidiary, tax incentives, and financial support. Then the author conducts empirical tests over the assumption of transmission mechanism and effects of policy instruments by using methods of DID and mixed regression with the data of China's strategic emerging industry's listed companies. Furthermore, by controlling other influence factors and using the method of SFA, this paper calculates the technological innovation efficiency of sample companies' (in seven industries) during 2015-2017, and examines the influential effect that policy instruments played in changing of enterprise's technological efficiency with the method of regression.

The empirical analysis results reveal that, the development of strategic emerging industries can't live without the policy support, especially in the area of technological innovation. Market competition is the primary and effective momentum to promote enterprise's technological innovation, compared with other manufacturing industries, the subsidiary, tax incentives, and financial support that government provides to the strategic emerging industries didn't play a significant effect in the input and output of enterprise's technological innovation in strategic emerging industries. Financial restriction is still the key factor to restrict the improvement of enterprise's technology efficiency. Government subsidiary and tax incentives didn't play a significant effect in the enterprise's technological innovation efficiency, even though, this kind of strong administrative interference improves the enterprise's innovation output, however, what to be realized by a larger scale of technological innovation input didn't bring the escalation of the efficiency in terms of resource's allocation, hence resulting to the waste of the innovation resources.

This paper adopts more comprehensive index to measure the level of enterprise's technological innovation, and creatively conducts the research over the direct transmission mechanism between industry policies and enterprise's technological innovation, and distinguishes the effect that industry policies played in the technological innovation of enterprises with varied orientations. Therefore, the paper suggests that in the enactment of future industry policies, firstly we should clarify the implementing boundary of the industrial policy, and formulate the review mechanism for the industry policies' fair competition, and annul industry policies which are "harmful" for market competition in time. Secondly, changing the policy supporting methods, and converging the industry policy to innovation policy while choosing suitable industry policy instruments to support strategic emerging industry's technological innovation. Moreover, using the industry policy to support enterprise's technological innovation should aim at improving enterprise's technology innovation efficiency, and the implementation of industry policy should enhance the preciseness of the policy instruments and specify policy supporting standards.

|目 录|
CONTENTS

第一章
绪　论

第一节　研究背景及研究意义

一、研究背景

改革开放以来，中国经济发展成就举世瞩目。1978~2014 年实现年均 10% 的高速增长，超过曾创造了"东亚奇迹"的亚洲"四小龙"在快速发展时期的增长速度，被称为"中国奇迹"（林毅夫、蔡昉和李周，2014）；2010 年，我国经济总量更是超过日本成为仅次于美国的全球第二大经济体。中国经济至今已保持近 40 年的中高速增长，在人类历史上，还不曾看到以这么高的增长速度持续这么长时间的先例，中国因此也成为后发国家中经济增长的典型为世界所关注。在中国经济改革发展过程中，源于对政府和市场角色的不同认识，产业政策一直饱受争议（舒锐，2013）。作为世界上使用产业政策较多的国家，产业政策运用在中国经济体制改革和长期经济发展中发挥着一定的作用。正如林毅夫教授所言，尽管不乏产业政策失败的国家，但是尚未见不使用产业政策而实现成功追赶的发达国家和保持持续领先的发达国家（林毅夫，2017）。然而，2012 年以来，中国经济增长态势发生显著变化，逐步由高速增长走向中高速增长，经济发展步入新常态。与此同时，党的十九大报告指出"新时代我国的主要矛盾已转化为日益增长的美好生活需要和不平衡不充分的发展之间的矛盾"，进一步明确"我国经济已由高速增长阶段转向高质量发展阶段"的发展定位。高质量发展要求提高资源的整体配置效率，摒弃原有的依赖要素投入和牺牲环境为代价的粗放型经济增长方式，向创新驱动模式转变。

40多年来，中国政府在实施产业结构调整过程中，积极借鉴日本等国家的发展经验，成为一个推行最多产业政策的国家（江小涓，2014）。"市场失灵"和"后发国家赶超型发展"成为推行产业政策的主要理论依据。但是，关于"产业政策的有效性"学术界一直存在争论，与之对应的是"市场有效性"问题，问题的实质可以归结为"政府与市场关系"争论的延伸。一部分学者认为产业政策在弥补市场失灵、保护幼稚产业免受冲击，实现产业结构合理化和高级化方面发挥不同程度的作用，并且认为政府通过实施产业政策确定产业发展顺序，配置资源的行为具有一定的必要性（陈冬华等，2010；陆国庆，2014）。质疑产业政策"有效性"的学者则认为政府具有"经济人"逐利的一面，其产业政策指向并不能保证与公共利益一致，甚至因此诱发权力寻租。通过经验总结和实证分析，部分学者提出现有的产业政策存在限制市场竞争的根本缺陷（江飞涛和李晓萍，2010）。2016年林毅夫和张维迎教授关于"产业政策"的辩论不仅引起学界的广泛关注，更是在公众之中引发了一场关于产业政策理论与实践问题的大讨论。双方围绕产业政策边界、产业政策有效性以及政府是否应该鼓励"第一个吃螃蟹的人"（即鼓励基础创新）展开辩论。其争论的焦点就是"政府是否应该通过产业政策干预经济"以及"政府能否通过产业政策促进技术创新"。两者的论述均是基于各自不同的经济学理论和研究背景，未能找到相互妥协或折中的共识。2017年9月，由林毅夫团队发布的《吉林省经济结构转型升级研究报告（征求意见稿）》在政界、学界和商界引起了激烈的讨论，其争论的焦点也是"产业政策的合理性和适用性"问题。因此，产业政策的有效性问题成为当前政策研究的焦点问题。

近几年在学术界，有关宏观产业政策和微观企业行为的研究日渐兴起。在经济转型时期的中国，社会主义市场经济体系尚不完善，调控机制和政策协调机制尚不健全，各界关注点聚焦在宏观政策的合理性而非有效性。实际上，宏观经济政策与微观企业行为间存在理论与现实意义上重要的互动关系，以往两者在某种程度上存在着"割裂"现象（范从来等，2012）。由《经济研究》杂志、南京大学、北京大学等的部分学者发起的"宏观经济政策与微观企业行为"学术研讨会已经成功举办六届。宏观政策环境、货币政策、政府战略等宏观因素与企业行为的关系研究逐步深入，并形成了宏观影响微观、微观预测宏观和宏微观同源同构的三大研究趋势。作为宏观经济政策的重要组成部分，产业政策与微观企业行为依然是研究的热点，特别是在转变经济发展方式，促进经济高质量发展的当下，产业政策对企业创新的有效性、作用机制及效果等方面的研究持续深入，并且逐步扩展到整个创新链和创新体系的研究。

培育和发展战略性新兴产业是党和国家着眼于我国经济发展的实际提出的一项重大发展战略，以期通过新兴产业的发展带动我国经济转型升级。2010年国务院发布了《国务院关于加快培育和发展战略性新兴产业的决定》（国发〔2010〕32号）以及随后的"十二五"规划中亦将战略性新兴产业纳入经济发展的总体布局，并出台了《"十二五"国家战略性新兴产业发展规划》及其他具体的相关支持政策。这些产业政策在促进战略性新兴产业快速发展的同时，也带来了一些负面的经济效果。备受争议的莫过于财政补贴过度引致的光伏产业产能过剩，一边是无法消纳的新能源发电，一边是高居不下的过剩产能和持续不断的新增投资。甚至在经历了第一次产能过剩之后，光伏产业又一次面临新的产能过剩。[①] 作为战略性新兴产业，光伏产业不同于水泥、钢铁等传统行业，需求萎缩导致产能严重过剩可以通过优化供给解决。光伏产业产能过剩既有市场方面的原因，也是政策引导失效的结果。但学术界对于新兴产业的产能过剩存在争议：一方面，学者认为政府提供的财政补贴使企业盲目扩张，甚至部分企业为套取补贴而盲目投资，进而导致供需失衡，引发产能过剩和光伏产品价格暴跌，削弱甚至损害了企业可持续发展的能力；另一方面，也有学者认为政府的补贴支持促进了企业的技术创新，通过引致更多的研发投入，提升企业的创新能力。无独有偶，2016年爆发的新能源汽车"骗补"事件轰动一时。根据《证券日报》报道[②]，财政部等四部门组成的联合调查组核定的涉嫌"骗补"和违规"谋补"的车辆总数达76374辆，涉及补贴总金额92.707亿元，涉案车辆总数占2015年销量的1/4。如此大规模、明目张胆的骗取国家财政补贴的行为再一次表明，政府通过推行产业政策实现降低企业研发成本，促进企业创新水平提高的愿望在实践中遭遇了挑战。

在撰写本书过程中，中美之间的贸易摩擦愈演愈烈，并最终升级为"贸易战"，中美双方在各自贸易优势领域提高关税税率。其中，美国方面针对中兴通讯的制裁措施，正中了我国企业自主创新能力不强的痛点。"中兴通讯"事件再次让我们看到企业技术创新能力培育的重要性，有人提出"倾全国之力，发展芯片产业"，举国体制再次被提出，并将发展芯片产业与"两弹一星"置于

---

① 光明网报道网址：http://baijiahao.baidu.com/s?id=1596682817414975737&wfr=spider&for=pc。
② 新闻链接：http://business.sohu.com/20160909/n468024655.shtml。

同一模式，动用国家资源不怕亏损，放眼长远持续投入。且不论芯片与"两弹一星"技术发展路径模式截然不同，单就动用财政的钱，不讲策略方法地支持单一产业发展，不但不能做到国家公共资源的优化配置，通常会招来大量的分肥者浑水摸鱼，甚至有些企业通过想方设法迎合政府博取自身利益，最终不但不能促进企业技术创新，反而会摧毁一批放眼长远扎实做事的企业。本书立足于当前我国战略性新兴产业发展过程中面临的热点问题，关注政府宏观产业政策对微观企业技术创新的影响，着眼于政策传导机制研究和提升企业技术创新能力的政策设计，力求在政府产业政策能否促进企业创新以及如何促进企业创新方面取得一定的研究成果。

有必要说明的是本书的研究视角，本书研究的方向是产业政策与企业技术创新，其中产业政策促进企业技术创新的作用机制合理性和有效性是本书的研究重点，笔者利用战略性新兴产业上市公司数据对提出的相关理论和假设进行了实证检验。但是企业内部技术创新过程涉及的众多因素也对企业技术创新水平和效率产生影响，我们在实证检验的过程中将其作为控制变量进行了约束，但这些因素并不在本书的研究框架之内。换言之，这些因素是外生于本书设定的模型的。

二、研究意义

（一）理论意义

产业政策作为政府干预宏观经济的手段，其目的并不必然是促进企业技术创新，优化产业结构、促进经济增长也是政府实施产业政策实现的目标。在产业结构转型升级、新旧动能转换的当下，技术创新成为产业政策追求的重要目标。但是，在现有产业政策有效性研究中，主要是基于产业政策对企业技术创新溢出效应的探讨，缺乏产业政策与企业技术创新之间直接传导机制的研究。本书在前人研究的基础上，结合我国战略性新兴产业政策制定和实施的实际状况，探讨了市场竞争、政府补贴、税收优惠和金融支持对企业技术创新投入强度、产出和效率的影响机制和影响效应，并进行了实证检验。本书通过产业政策与企业创新的因果关系研究和传导机制研究，丰富了产业政策有效性理论，并且为产业政策对企业技术创新的影响研究提供了实证支持。

（二）现实意义

产业政策是我国各级政府实施宏观经济管理的主要手段，在新旧动能转换和促进经济高质量发展的当下，政府补贴、税收优惠和金融支持成为政府实施产业政策的主要工具。但是这些政策工具的背后，一方面是行政化色彩浓厚的干预手段，另一方面则导致了新兴产业的"产能过剩"和"骗补"等诸多问题。本书通过深入研究补贴、税收和信贷等产业政策工具在促进企业技术创新中的作用，为后续我国战略性新兴产业用活用好这些政策工具，以及针对产业发展中出现的具体问题精准施策提供相关的建议，有利于我国战略性新兴产业的发展和产业政策体系的优化。

第二节 研究思路与研究方法

一、研究思路

本书立足于我国当前经济结构调整和新旧动能转换的时代背景，主要研究政府在支持战略性新兴产业发展过程中相关产业政策工具对企业技术创新的影响机制和影响效应。通过分析市场竞争、政府补贴、税收优惠和信贷支持对企业技术创新投入、产出和效率的不同作用，揭示产业政策在扶持产业发展过程中对企业技术创新的促进或抑制作用。在得出相关结论的基础上，提出改进我国战略性新兴产业扶持政策的相关政策建议。本书基本的研究思路如图 1-1 所示。

二、研究方法

本书采用的主要研究方法包括以下两种。

（一）文献研究和理论分析相结合

只有站在巨人的肩膀上，才能够看得更远。本书充分吸收了相关领域已有

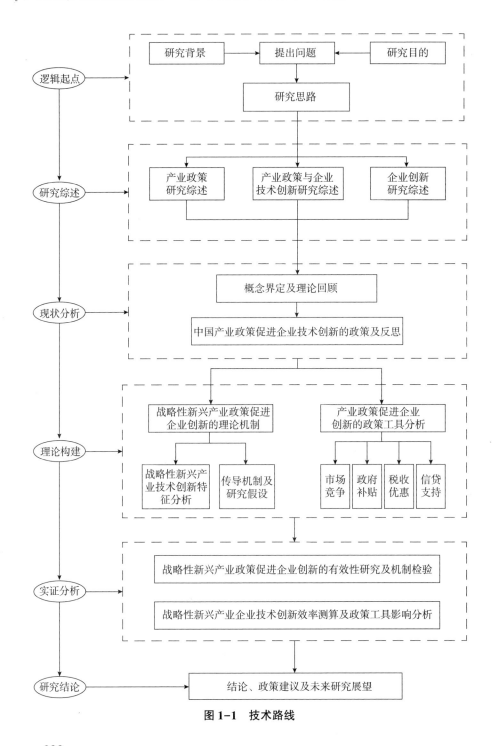

图 1-1　技术路线

的研究成果，充分借鉴文献计量学、技术经济学和计量经济学等学科的思想和方法，在综述我国产业政策和战略性新兴产业政策发展过程的基础上，对"十二五"时期我国战略性新兴产业政策发布的文件进行了不完全统计分析，形成对整个战略性新兴产业政策体系轮廓的理解。以市场失灵理论、幼稚产业保护理论和政府失灵理论等为基础支撑，建立了产业政策与企业技术创新之间的联系机制，厘清了各类政策工具对企业技术创新的作用机制。

（二）定性分析和定量分析相结合

依据构建的产业政策与企业技术创新之间的直接联系机制，定性描述了产业政策影响企业技术创新的直接机制以及市场竞争、政府补贴、税收优惠和信贷支持四类政策工具影响技术创新的过程。采用双重差分方法（DID）定量检验了《国务院关于加快培育和发展战略性新兴产业的决定》及其细化政策《"十二五"国家战略性新兴产业发展规划》对战略性新兴产业上市公司技术创新的影响效应。研究发现，产业政策影响下的企业技术创新转化能力存在问题的基础上，进一步采用随机前沿分析方法测算2015～2017年战略性新兴产业上市公司技术创新效率，并采用回归方法检验了政府补贴、税收优惠和信贷支持对企业技术创新效率的影响效应。研究发现，我国现有产业政策尽管在一定程度上提高了企业创新投入和产出水平，但是依靠更大的创新资源投入实现的，企业技术创新效率并没有提高，反而呈现递减的趋势。定性分析与定量分析相结合的研究方法使我们从多维度、全面地认识我国产业政策在企业技术创新中的作用，提升了研究成果的科学性和可信度。

第三节　研究内容与创新点

一、研究内容

本书主要围绕产业政策与企业技术创新之间的关系展开，基于战略性新兴产业上市公司数据对产业政策有效性进行了验证，并进一步实证检验了各项产业政策工具对企业创新投入、企业创新产出和技术创新效率的影响效应。本书主要内容如下：第一章为绪论部分，主要介绍本书的研究背景、研究意义、研究思路、研究方法、研究内容和创新点等。第二章对国内外有关产业政策研究、企业创新研究以及产业政策与企业创新的关系研究进行了综述，通过学习前人研究经验，发现本书研究的突破点。第三章对本书涉及的关键概念和基本理论进行了回顾和总结，为后续研究的展开奠定了理论分析基础。第四章阐述了我国产业政策和战略性新兴产业政策的发展历程，并进一步总结当前战略性新兴产业技术创新面临的问题以及对战略性新兴产业政策的反思。第五章主要分析产业政策促进企业创新的传导机制，并提出相应的研究假设，详细解释了政策工具促进企业技术创新的原理。第六章采用双重差分和混合回归方法，利用2009~2014年战略性新兴产业上市公司数据实证检验产业政策促进企业技术创新的研究假设，深入探讨了各项政策工具对企业技术创新的影响效应及其原因。第七章采用随机前沿分析模型测算了2015~2017年战略性新兴产业上市公司技术创新效率，进一步分析政府补贴、税收优惠和信贷支持对企业技术创新效率的影响并得出相应结论。第八章总结本书主要结论，提出相关的政策建议及未来研究展望。

二、主要创新点

本书可能的创新点包括以下几个方面。

（一）企业技术创新能力衡量方法的改进

当前国内外衡量企业技术创新能力的指标多种多样，既有从创新投入角度衡量企业技术创新能力的指标，如研发经费投入、人员投入、研发强度等；也有从研发产出角度衡量企业技术创新能力的指标，如专利申请量、专利授权量、新产品销售收入等。还有部分学者从效率的视角衡量企业技术创新能力，如产出弹性（陆国庆，2009）、前沿效率等。但在研究技术创新的政策有效性和影响效应时，往往选择单一指标作为企业技术创新能力的衡量指标。本书在借鉴其他学者方法的基础上，分别采用研发强度、专利申请量和前沿效率三个指标从创新投入、创新产出和创新效率三个方面全方位测度产业政策对企业技术创新的作用机制和影响效应，并由此得出与我国战略性新兴产业技术创新现状更加契合的实证结果，使本书的研究假设和研究结论更具解释力。

（二）产业政策促进企业技术创新的直接影响机制研究

当前国内外文献中表明直接影响企业技术创新的因素很多，但是将产业政策作为直接影响因素研究的文献却很少，本书通过研究政府扶持战略性新兴产业发展政策对企业技术创新的作用机制和影响效应，丰富了企业技术创新直接影响因素的研究。通过采用双重差分和混合回归方法，本书发现产业政策在一定程度上能够促进企业技术创新投入的增加或产出的增长，却不能提升技术创新效率。这一研究为企业技术创新直接影响因素的研究提供了新的证据。

（三）非市场导向技术创新效率和市场导向技术创新效率影响机制研究

与以往企业技术创新效率的研究不同，本书将以专利申请作为创新产出测度得到的技术创新效率称为非市场导向技术创新效率，将主营业务收入作为创新产出测度得到的技术创新效率称为市场导向技术创新效率。这种根据不同创新成果得到的技术创新效率，反映了不同目标导向下企业配置创新投入资源的方向，能够更清晰地界定产业政策的影响效应。

第二章
文献综述

第一节　产业政策研究综述

作为政府经济政策的重要组成部分，无论是发达国家还是发展中国家，产业政策都得到了不同程度的运用。我国 20 世纪 80 年代开始推行产业政策对我国经济结构进行调整，随着时间的推移，我国逐渐成为使用产业政策较多的国家（江小涓，1996）。产业政策应用的广泛性也吸引了大量的学者对其展开了深入的研究，图 2-1 显示了 1988~2018 年在中国知网中篇名中含有"产业政策"的中文文献数量，可见其相关文献的发表数量总体呈上升趋势，表明各界对"产业政策"的关注程度和研究兴趣愈加浓厚。

产业政策作为经济手段最早可追溯到 15 世纪的英国，英格兰国王亨利七世制定了鼓励羊毛纺织业发展的产业政策，这成为英国重商主义经济政策的开端。正是这种重商主义的经济政策导致了第一次工业革命在英国爆发（贾根良，2017）。1791 年，美国第一任财政部长亚历山大·汉密尔顿向美国政府提交的《关于制造业的报告》中指出，政府在国家制造业的发展中具有不可推卸的责任，汉密尔顿认为经济落后国家的政府可以通过必要的产业保护措施对国内经济进行干预。1841 年，德国经济学家李斯特在《政治经济学的国民体系》中详细阐述了产业政策促进德国生产力的提高的机制，他明确提出"保护制度是使落后国家在文化上取得与那个优势国家同等地位的唯一方法"。李斯特理论对后发国家起到了较大的影响。"二战"之后，日本通过推行几类主要的产业政策而实现了经济跳跃式发展，产业政策在国家经济发展中的作用开始受到国内外学者的关注和讨论。20 世纪 70 年代以后，一些国际组织如经济合作与发展组

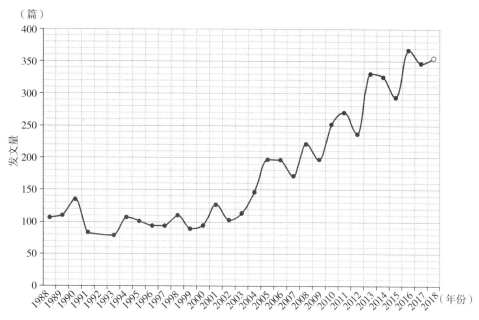

图 2-1　1988~2018 年文献名称中含有 "产业政策" 的中文文献数量变化趋势

织（OECD）、世界银行等，在各种文件和研究报告中，把产业政策作为日本经济成功的秘诀加以介绍，引起世界各国的关注。我国是在 20 世纪 80 年代正式提出实施产业政策的，此间也是我国经济体制由计划经济向社会主义市场经济体制过渡，逐渐形成了具有中国特点的转轨时期的产业政策。尽管产业政策在全球被广泛采用，但是围绕产业政策必要性、合理性和有效性的争论却从未中断，各国都在基于自身的资源禀赋和国情尝试制定并实施符合本国经济发展的产业政策（陈永清等，2016）。本节通过文献梳理，总结国内外学者在产业政策必要性、有效性和制定与实施方面的相关研究成果。

一、产业政策必要性研究

回顾产业政策的发展历程，20 世纪 50~60 年代可谓是产业政策的初步形成时期。此时，并未形成成熟的产业政策理论，世界各国经济体制可以被明显地分为两大阵营：完全政府干预的经济计划体制和奉行自由主义的资本主义市场经济体制。多数国家推行的产业政策与经济计划是无法区分的，甚至被淹没在经济计划之中（芮明杰，2016）。70 年代开始，产业政策的概念逐步从经济计划中独立出来，并引起世界各国的日益重视。尽管产业政策在世界范围内被广泛地使用，尤其是发展中国家更是以产业政策作为促进经济发展、实现经济赶超的重要手段，但产业政策本质上体现为政府对经济的调控和干预，并持续存在合理性和必要性的争议。2016 年，林毅夫和张维迎两位经济学家关于产业政策的争论，其核心论点即"产业政策必要性"（林毅夫等，2018）。

支持产业政策的理论依据主要有市场失灵理论、后发优势理论、结构调整理论、规模经济理论和技术开发理论等。新古典经济学派提出的市场失灵理论，认为市场机制的作用有限，放任自流的社会无法避免垄断、不正当竞争、基础设施投资不足、环境污染等现象的发生，造成社会整体的福利损失。为了弥补市场缺陷，可以通过政府"看得见的手"和市场"看不见的手"共同作用实现社会福利最大化，产业政策即成为政府矫正市场失灵的具体体现和抓手。林毅夫（2011）认为，弥补市场失灵是产业政策的合理性的核心，其中市场失灵的原因之一是信息的外部性。

古典经济学派李嘉图提出了"国际分工和比较生产费用"学说，即同样的产品在不同的国家生产的生产费用存在差别，各国应该优先发展本国具有比较优势的产业，利用比较优势进行的国际分工可以实现全球资源的最优配置，这种理论在静态的角度有一定的意义。李斯特基于李嘉图的静态比较优势理论认为后起国家只有利用自身优势产业参与国际分工，才能打破原有的国际分工格局，以先进的生产结构占据于己有利的国际分工地位。日本就是利用这种"动态比较优势"实现后发赶超的案例，日本学者筱原三代平进一步强调了后起国家制定产业政策引进先进国家技术对产生"动态比较成本优势"的重要性和紧迫性。我国学者林毅夫创立的新结构经济学派关于产业政策的研究就是基于动态比较优势理论。

结构转换理论认为一个国家的产业结构只有从低级向高级的适时转换才能实现赶超和保持领先地位，日本学者认为产业结构未能实现及时转换是历史上一些老牌发达国家趋向衰落的重要原因。我国产业政策实践也充分证明了这一点，江飞涛等（2010）认为，2000 年以来，中国产业政策的任务主要集中在促进产业结构调整和抑制部分行业过度投资、产能过剩两个方面。

在知识经济背景下，知识资本在经济增长中占据了重要位置，但知识溢出效应使知识生产存在正的外部性而导致供给不足，需要政府的政策干预。Greenwald 和 Stiglitz（2013）支持产业政策的原因在于，产业政策能够帮助建立"学习型社会"，"学习型社会"具有技术进步的高增长率和较低的生产水平差异。这对于国家形成长期的动态比较优势具有重要意义。从发展的角度看，市场本身不能产生有效率的增长来加强投资，比如与学习、知识积累和研究相关的领域。但政府能够对国家经济在连续技术革新、产业升级以及经济多样化的转型中发挥巨大作用，以及在缩小技术差距、提高生产力方面具有较大空间（Stiglitz et al.，2013）。

反对产业政策的学者同样给出了合理的解释。针对"市场失灵"，质疑者认为政府制定和实施产业政策的过程中，也存在"政府失灵"的问题，即政府的有限信息、公共决策的局限性、对私人市场反应的控制有限以及政府的官僚主义等都可能导致产业政策的失败（江小涓，2000）。尤其是政府通过产业政策引导企业创新问题，熊彼特的创新理论认为，企业家和企业家精神都不是政府所能催生的，而是在市场竞争中历练出来的，因此政府不能通过产业政策的方式来引导创新的发生。

但也有部分学者认为讨论是否需要产业政策是一个伪命题，经济增长本质上是一个生产率不断提升的过程，而这一过程的实现需要市场的有效竞争，也需要政府的合理干预（李骏、刘洪伟和万君宝，2017）。真正应该关注的问题是如何制定有效的产业政策（朱富强，2017）。Aghion 等（2012）认为，经济学家与政策制定者不应再继续发展中经济体需要或不需要产业政策的"二元化争论"，工作的重点应转向如何科学设计和有效实施合理的产业政策上来。各国的产业政策的着眼点、政策措施和理论依据往往存在巨大的差异。对一国产业政策的研究，脱离开对产业政策具体、详细的解析，抽离了对该国产业政策的基本特征的把握，而去空泛地探讨该国产业政策所谓的必要性和合意性是没有价值的，这往往会为不适当的产业政策提供不适当的理论依据（江飞涛和李晓萍，2010）。顾昕和张建君（2014）认为，产业发展过程中外部性导致的市场失灵已经成为国际学界新共识。因此，关键不在于要不要产业政策，而是产业政策的施政如何能以"市场强化型"的方式来弥补市场不足、矫正市场失灵，而不是代替市场去主导资源配置，甚至由政府来"挑选赢家"，即产业政策的施政选择问题。

二、产业政策有效性研究

产业政策在世界范围内的实施效果，毁誉参半，赞成者与反对者都很多，因此学界形成了专门针对产业政策有效性的研究。产业政策的有效性，指产业政策实施效果与政策制定初衷的符合程度，即产业政策在促进产业结构调整、引导企业投资、激励企业技术创新方面发挥作用的程度。根据前述产业政策的分类，产业政策又可以细分为产业结构政策、产业技术政策和产业组织政策等，其中产业技术政策是本书的研究重点。

产业政策有效性的研究分为多个维度，不同维度具有不同的研究重点。首先，产业政策对宏观经济增长具有重要的推动作用。部分学者研究了产业政策在弥补市场失灵，实现后发国家经济赶超等方面的经验和作用，认为产业政策能够纠正市场自身不足从而实现资源的有效配置，促进经济增长。Johnson（1982）和 Ito（1992）的研究认为，日本通产省制定的产业政策提高了日本企业的竞争力，促进了日本经济的快速增长。世界银行（2008）对 13 个在第二次世界大战以后取得年均增速 7% 以上、持续 25 年或更长时间发展的经济体进行分析时发现，产业政策是这些国家经济持续发展的关键。在针对我国产业政策效果的研究中，我国学者林毅夫和李永军（2003）认为，产业政策对我国的经济结构调整起到引导作用，弥补市场失灵。殷华方、潘镇和鲁明泓（2006）使用两位数产业分类数据研究了外资产业政策的有效性，研究认为从产业开放趋势、开放导向、开放效果以及外资流向四个方面，外资产业政策都发挥了明显的作用。吕明元（2007）则认为，产业政策和制度创新在增强我国产业国际竞争力方面具有一定的作用。宋凌云和王贤彬（2013）研究了中国省份五年规划的重点产业政策信息，发现地方政府的重点产业政策总体上显著提高了地方产业生产率，但同一产业政策在不同行业的资源配置效应存在行业异质性。产业政策在促进地区产业结构调整，实现地区产业结构合理化和高度化方面具有一定的作用。韩永辉、黄亮雄和王贤彬（2017）利用省区面板数据，实证检验了产业政策在地区产业结构合理化和高度化中的驱动作用，并考察了产业政策力量和市场力量的协同互补效应以及政府能力在产业政策影响机制中的作用。研究认为，地区产业结构合理化和高度化与产业政策的出台和实施密切相关。其他学者的研究也得出相似的结论，认为产业政策对宏观经济具有正向影响。如刘澄等（2011）、舒锐（2013）等。

也有学者对产业政策的有效性提出了质疑，认为政府利用产业政策对经济运行的干预导致了资源配置的低效率。Krueger（1993）和 Evans（1995）的研究认为，政府干预的产业政策只会带来市场扭曲和资源配置的低效率。Lee（1996）和 Powell（2005）也认为，产业政策的实施会带来较多的政府干预和选择性扶持，同时通过限制企业间的竞争导致受支持产业的生产效率降低。此外，政府推行的产业政策是否成功推进了产业发展和经济转型升级，主要面临两个方面的挑战。理论层面，各级政府不一定能够出台和实施对产业发展和经济转型升级有积极作用的产业政策，产业的成功发展也不一定源于政府产业政策的积极干预。经验层面，既有发达国家利用产业政策实现后发赶超的成功案例，如日本、韩国，但也不乏失败的案例（韩永辉等，2017）。杨继东和罗路宝（2018）利用工业土地出让微观数据检验了重点产业政策对土地资源空间配置的影响，发现重点产业政策容易引发资源空间配置扭曲，进一步引发了产能过剩，而且重点产业政策引发的资源空间配置扭曲存在显著的政治周期性。钱雪松等（2018）对中国2009年十大产业振兴规划自然实验的检验结果显示，选择性产业政策会导致企业的全要素生产率显著下降，而且选择性产业政策较强的政府干预强度对不受政策支持的企业投资具有挤出效应。

其次，宏观产业政策对微观经济主体的作用。新制度经济学派认为，制度可以对微观主体产生影响。许多学者从更为微观的企业层面研究了宏观产业政策的微观有效性，当前的研究主要围绕企业投资、融资、补贴与创新等展开。Criscuolo等（2012）研究发现，企业投资的上升和就业数量的增加与产业政策支持密不可分。陈冬华、李真和新夫（2010）在国内较早展开了宏观经济政策与微观主体行为之间关系的研究，其研究结果表明产业政策作为一项政府政策在公司融资行为中起到了主导作用，在转型期的中国，产业政策是公司融资决策的重要因素。黎文婧和李耀淘（2014）利用上市公司财务数据实证研究了宏观产业政策对公司投资行为的影响及其内部机理，发现行政化的政策调控手段能够激励企业增加投资，但会使投资效率下降。祝继高等（2015）研究了产业政策对企业债务融资的影响，认为产业政策支持企业的银行关联董事监督动机较弱，造成了企业过度投资进而损害了企业价值。这一发现也印证了产业政策引起投资过度及投资效率较低的结论。张新民、张婷婷和陈德球（2017）基于双重差分模型检验了产业政策对上市公司融资约束程度的影响。发现地方政府产业政策的出台加剧了辖区内上市公司的融资约束程度，进一步研究得出产业政策实施的效果并不理想的结论，产业政策的出台不仅降低了企业的投资效率，而且不能缓解公司的融资约束，同时降低了资本配置的效率。

在我国产业政策研究中，产业政策绩效评价是产业政策有效性研究经常采用的研究方式，根据研究对象的不同可以分为两类：一是产业政策作用对象的研究；二是产业政策内容和实施工具的研究。产业是产业政策发挥作用的直接对象。江小涓（1996）研究了我国电冰箱行业两次产业规划的政策效果，政府制定的产业政策的正确性受到挑战,认为在进入壁垒不强的竞争性行业时,中央政府制定的规划和所推行的产业政策如果不能得到地方政府和企业的认同和合作,很难被认真执行。在这类行业中,市场竞争能够推动产业发展和结构改善。但陈冬华等(2010)则持相反的观点,认为地方政府有动力推行中央政府制定的产业政策。李胜会和刘金英(2015)研究了各省份战略性新兴产业发展规划措施,通过构建实证模型对投资、劳动力和政策优惠进行了实证检验,发现是否出台产业规划对战略性新兴产业发展没有显著影响。产业政策内容和实施工具的评价是研究产业政策的另一维度,宋凌云和王贤彬(2017)认为,产业政策是各级政府推动产业发展与产业结构转型升级的主要抓手,财政手段在资源配置中发挥着重要作用,而政府最常用的财政手段包括政府补贴和税收减免。加之税收和补贴数据能够更加容易获得且准确度较高,往往成为研究的焦点。韩乾和洪永森(2014)基于上海证券交易所的交易数据研究了国家新兴战略性产业政策对金融证券价格和投资者行为的影响,研究结果表明产业政策在公布后短期内能给投资者带来较高超额收益,但在中长期对收益率没有影响。投资者之间信息不对称,导致部分机构投资者利用自身信息优势套利,使国家真正要扶持的企业得不到长期稳定的金融市场资金的支持,使产业政策的实际效果可能会因此而打折扣。冯发贵和李隋(2017)采用非平衡面板数据实证研究了产业政策实施过程中的财政补贴和税收优惠效果,发现国有企业享受的财政补贴少于非国有企业,但国有企业承担了更多的税收负担。产业政策能够有效提升企业绩效,但两种政策工具相比,税收优惠政策在提升企业绩效方面的显著性高于财政补贴。融资难是微观企业普遍面临的问题,因此与金融供给相关的产业政策也受到学者的关注。李骏、刘洪伟和万君宝(2017)利用2008~2012年中国制造业830家上市公司数据,实证检验了产业政策、市场竞争与全要素生产率之间的关系。研究发现,低息贷款对于全样本企业的全要素生产率的提高存在明显的促进效应,但政府补助与税收优惠两项政策工具只在非国有企业中显示出了显著的正向作用。

西方学者更愿意将产业政策视为计划经济的变相延伸,政府是产业政策制定和实施的重要影响因素。因此,西方学者对中国产业政策的研究中,可以分为精英主义观点(Hough,1977)、非正式派系观点(Lampton and Yeung,1986)和官僚组织观点。而国内学者则主要从中央政府和地方政府关系、地方官员激励和政商关系等视角对产业政策有效性进行了研究。张莉等(2017)研究发现,重点产业政策总体上显著提高了城市工业用地出让的宗数和面积,认为地方政府是宏观经济政策传导的关键环节，地方政府掌握的经济与行政资源的差异导致地方政府对于宏观经济政策做出不同反应。熊瑞祥和王慷楷（2017）基于地方政府之间竞争的逻辑与新结构经济学的分析框架，利用2000～2007年中国工业企业数据库与同时期中国地级市党委书记数据库，实证检验了地方官员晋升激励如何影响本地产业政策指向与当地生产性结构之间的一致性程度，以及这种一致性程度如何进一步影响当地的资源配置效率。研究发现，官员激励与中央产业政策实施的方向一致，但并非有利于地方生产性结构的调整。并且，晋升激励对产业政策的这种扭曲性影响在国有经济占比高与经济落后地区更明显。侯方宇和杨瑞龙（2018）构建了基于企业资产专用性的委托代理模型，用于分析不同的政商关系对产业政策治理"潮涌现象"有效性的影响。研究政商关系为产业政策有效性的作用及影响机制提供了坚实的微观基础和新的研究视角，同时为探讨新型政商关系提供了一个分析框架。关注产业政策受中央和地方政府利益博弈影响的同时，企业所有制差异也是导致产业政策效果差异的重要因素。连立帅等（2015）以"五年规划"为代表的产业政策和上市公司财务数据考察了产业政策与信贷资源配置的关系及其作用机制。结果发现，产业政策总体上能够引导信贷资源进行有效配置，但企业之间的信贷资源配置并不均衡。考虑所有制后的结果表明，只有受支持的高成长性国有企业获得了更多的信贷融资。王克敏、刘静和李晓溪（2017）研究发现，为促进地区经济发展，地方政府有动力推动中央产业政策的落地实施，且依照中央产业政策的支持范围为本地区公司提供资金支持；地方政府官员任期能够影响地区资源配置方向，受产业政策重点支持的公司能获得更多的政府补助，同时也更倾向于举债经营。

三、产业政策的制定与实施

目前，学术界关于产业政策必要性的争论尚没有形成一致的结论，但是围绕产业政策必要性的争论在国际学术界已经降温，产业政策的存在具有其"现实合理性"（孙早等，2015）。面对产业发展过程中由于信息外部性和协调外部性带来的市场失灵，关键不在于要不要产业政策（顾昕和张建君，2014）。如何制定适合我国国情和产业发展特点的产业政策，以及正确实施制定的产业政策是重中之重。

关于国家产业政策的制定的合理性，主要包括两个方面：一是产业选择的合理性；二是政策制定程序的合理性。产业政策制定的前提是选择恰当的产业，部分学者认为应该通过比较优势选择产业政策支持的产业。林毅夫（2012）认为，一国的要素禀赋决定了该国的资本、劳动力的相对价格，进而决定了一国最有竞争力的产业和技术的选择。石奇和孔群喜（2012）利用投入产出模型实证研究了我国经济的比较优势要素和比较优势环节，提出了基于比较优势制定产业政策引导区域经济集聚效应和技术进步，改善国际贸易的相关措施。但是这种基于比较优势选择产业的行为被国际上认为是政府利用手中权力直接"挑选赢家"。我国许多学者也从政府信息充分程度和激励是否恰当的角度对这种观点提出质疑（黄少安，2013；韦森，2013）。张夏准更是认为比较优势理论的假设条件过于苛刻，现实中难以实现，一个国家要想产业升级，恰恰要违背比较优势（Lin and Chang，2009）。张其仔和李颖（2013）的观点则比较折中，认为全球主要经济体产业转型升级方面，并没有完全遵循比较优势，也没有完全违背比较优势，而是在发挥现有比较优势和培育新的比较优势之间取得平衡。

产业政策制定程序的合理性，直接影响了产业政策的科学性和可靠性，尤其在政府信息不完全或能否胜任产业政策制定的质疑声中。陈冬华（2018）以五年规划为例对产业政策的制定过程进行了解析。五年规划编制包括四个阶段十个步骤，从中期评估到基本思路研究，从党中央"建议"编制到"纲要"正式编制，认为产业政策制定是一个公共政策的决策过程，也是在中国特有的政治体系内不同机构和参与者之间相互作用的过程，是一个逐步制度化、规范化和程序化的具有科学性的过程。陈永清等（2016）也认为产业政策的制定和实施需要得到政府的认同，并且是一个各方利益博弈的过程。但他指出了中国当前央地分权模式下，中央政策单位与企业部门之间信息互通的镶嵌自主性导致产业政策质量的缺失。孙早和席建成（2015）也关注了"中央—地方—企业"这种"多任务委托—代理"模式中存在的目标和利益不一致带来的矛盾，弱化了产业政策的实施效果。

产业政策的实施即产业政策的执行过程，陈冬华等（2018）将产业政策在当前组织机构和制度体系内的执行过程分为"块"效应和"条"效应。"块"效应依附的主体是地方政府，而"条"效应依附的主体则是各级职能部门。但不论从哪一种角度，各级政府、行业管理部门和职能部门都有动力执行中央出台的产业政策。不同的学者从不同的视角研究了地方政府动力的来源，包括层级权力控制、分税制体制的资源重新分配和集权型政治体制下的政治锦标赛效应（周黎安，2007）。尽管产业政策实施过程中上级政府对下级政府存在正向激励措施，但是处于政治和经济双重竞争中的地方官员之间的合作空间非常狭小而竞争空间非常巨大，导致我国部分产业长期存在地方保护主义和区域间的恶性竞争（周黎安，2004）。各级政府间这种激烈的博弈，直接导致了各地重复建设、地区结构同质化和产能过剩（熊瑞祥等，2017）。建立有效的政策反馈机制、改革地方官员的考核标准与升迁机制和建立科学的激励机制成为中央政府有效实施产业政策的必然选择。

产业政策制定的过程揭示了我国产业政策的适用范围远远超出了弥补"市场失灵"的边界，具有浓厚的计划经济色彩和限制竞争的管制性特征（江飞涛等，2010），是一个挑选输家或挑选赢家的政策，是纵向控制型而非横向协调型的政策（陈永清等，2017）。随着我国经济步入新常态，实现经济高质量发展到底需要什么样的产业政策成为学界关注的问题。党的十八届三中全会提出的"使市场发挥决定性作用和更好的发挥政府的作用"成为我国产业政策转型的指引。普遍的观点认为，我国产业政策应当以竞争性政策为主，为产业的发展塑造良好的发展环境。金碚（2017）认为，市场经济是一种需要有治理结构安排的制度，产业政策必须充分体现竞争友好精神。刘志彪（2015）也认为必须调整产业政策的发展方式，消除公平竞争的制度障碍，确立横向的产业政策和竞争政策在整个经济政策体系中的优先地位。此外，经济新常态背景下，我国产业政策的制定和实施更加注重推进企业技术创新。政府的角色定位将更加强调"提供服务"而非直接干预，产业政策重心将向影响企业外部制度环境转移。

四、产业政策转型研究

改革开放以来，产业政策在支撑我国经济高速发展方面功不可没，不仅支持重点产业和主导产业发展，促进产业结构转型升级（袁航和朱承亮，2018），还有效促进了我国产业技术水平提升，缩小了与发达国家之间的差距（曾方，2003；陈瑾玫，2007），培育了一批优势产业，促进了区域经济增长质量（丁任重和陈姝兴，2016）。但也存在诸多问题和不适应的地方：一方面，产业政策具有明显的干预性特征，扭曲了市场信号，刺激了政策支持行业的产能扩张，当经济放缓需求不足时，产业政策支持的新兴产业反而成为产能过剩的重灾区（李平，2018）；另一方面，我国产业政策实施过程中行政性手段偏多，政策工具创新不足，政策制定实施等治理机制不完善，透明度较低，导致部分领域资源配置不均衡和制度性"腐败"和"骗补"等问题（黄汉权，2017）。再者，现有选择性产业政策为主的政策模式与竞争政策存在激烈的冲突，难以确立竞争性政策的基础性地位，不适应我国在新的发展阶段利用市场机制鼓励创新、促进新兴产业发展以及探寻新的经济增长点（江飞涛和李晓萍，2018）。

因此，党的十八届三中全会以来，在"使市场在资源配置中起决定性作用和更好的发挥政府作用"理念指导下，建设更加市场化的经济资源配置机制成为各方共识。我国产业政策在新时期面临的任务和在经济发展中扮演的角色都面临着新的变化，亟须通过转型实现政策结构更加优化、功能更加合理、更好促进经济高质量发展。江飞涛和李晓萍（2015）认为，我国未来一段时期内，产业政策转型的基本逻辑是以增进市场机制为目标，放弃干预市场和替代市场的选择性产业政策代之以弥补"市场失灵"的功能性产业政策。黄汉权和任继球（2017）也持相似的观点。黄汉权（2017）指出，产业政策工具从以行政措施为主向市场化、法制化手段转型，即以完善经济运行环境为主要目标也是重要的转型方向之一。但是，企业技术创新具有明显的正外部性，无法实现市场竞争机制下创新的合理供给，仍然需要政府在企业技术创新领域给予一定的政策支持，但是当前基本没有关于产业政策在创新领域的转型的研究。

五、当前产业政策研究中存在的不足之处

首先，现有研究对产业政策外部性和长远性关注不足。在宏观层面，产业政策在产业结构调整和转型升级中被寄予厚望，中国改革开放以来的发展经验表明，产业政策的实施为我国经济发展带来了实实在在的好处。但具体到企业层面则存在颇多争议，产业政策尽管为行业、地区甚至国家的全面发展做出了巨大的贡献，但却不一定能够提升企业价值或促进企业技术创新。

其次，现有研究中关于产业政策的衡量并不科学。产业政策的定量评估一直是困扰学术界和政策界的前沿问题，尤其是产业政策效果评价中，往往遇到产业政策准确衡量问题。目前关于产业政策的研究多以定性研究为主，随着计算技术的提升，与产业政策相关的实证文献出现爆发式增长。如产业政策的概念有广义和狭义之分，不同学者分别从不同的角度对产业政策进行衡量。通过分析当前产业政策研究的文献可以发现，产业政策有效性的研究无非两种衡量方式：一是单一产业政策有效性的研究，如国家五年发展规划、十大产业振兴规划和战略性新兴产业规划等文件，并将文件中涉及的行业分为未获支持、一

般支持或重点支持等，采用双重差分方法测算其政策效应（陈冬华等，2010；张莉等，2017；杨继东和罗路宝，2018），这种研究思路得到学术界广泛的认同。尽管这种方法能够较好地刻画产业政策的支持力度，但是仍然存在不足，即针对单一产业政策的评价和衡量，其效果往往受到其他类似产业政策的影响，从而夸大或削弱了产业政策效果。二是广义产业政策有效性的研究，如黎文靖和郑曼妮（2016）利用国家发展改革委官网列出的文件数量衡量产业政策的强弱。其根据政策数量的多寡判定产业政策的强弱，将所有政策视为同质的，可是，如是情形往往走向另一个极端，无法推断出哪个或哪类产业政策的政策效果显著，从而失去了研究的意义。

第二节　企业创新文献综述

一、创新理论发展研究综述

创新要素在经济发展中的重要作用如今已经被所有经济学家所认同，但是，经济学界对创新理论的研究起步较晚，创新经济学是 20 世纪的新兴学科。亚当·斯密最早在《国民财富的性质和原因的研究》中论述了创新对经济增长的作用，强调了分工在社会生产中的作用。一是劳动分工可以通过提高劳动者的熟练程度，节约劳动时间进而提高劳动生产率；二是劳动分工有利于发明创造和改进生产工具。亚当·斯密的观点中隐含了技术创新是国民财富增长的重要因素之一的观点。尽管他较早地关注了创新在经济发展中的作用，但在他的思想中，技术创新只是以一个外生变量的形式存在于生产函数中，并且未形成技术创新相关的系统理论，导致技术创新作为解释经济增长的一个重要因素被忽视了。

将创新作为完整的概念引入技术和经济研究领域，并提出现代创新理论的是美籍奥地利经济学家约瑟夫·熊彼特。熊彼特创新理论将技术创新作为一个内生变量纳入生产函数，为技术创新理论的形成做出了巨大贡献。熊彼特对被新古典经济理论所忽视的技术创新进行了详细的考察和探讨。他认为创新属于经济概念的范畴，是将新的生产要素和生产条件的组合纳入生产体系，构建一种新的生产函数，包括引入一种新产品或提供一种产品的新质量、采用一种新技术或一种新的生产方法、开辟一个新的市场、使用一种新原料或控制原材料的一种新的供给来源、采取一种新的企业组织形式五个方面。熊彼特认为，发展的源泉是企业家及其创新，创新可能是一种降低成本的技术变化，但又不只是技术变化，他还明确指出，创新需要把新东西引进经济，只有发明创造被经济所吸收，才能成为创新。因此，我们认为熊彼特关于创新的界定具有很强的包容性，创新不仅仅包括技术创新，同时也包括管理创新和组织创新，为后来创新理论的研究和发展提供了全新的视角。创新的形式多种多样，并不限于科学技术的发明创造、构造新的生产组织，甚至使用新的原材料或控制新的原材料供给也算是创新的一种形式。因为从本质上讲，技术创新不是独立地作用于经济系统，而是通过改变生产要素（资本、劳动等）组织生产的形式，提高投入产出效率，进而促进经济发展。

熊彼特（2014）在其所著的《经济发展理论》中认为资本主义经济增长的主要源泉是技术创新。从熊彼特创新的视角看，技术创新在整个资本主义经济发展过程中起着决定性作用，新产品或新技术等创新要素进入生产结构破坏了原有的生产均衡，并在新的均衡中实现更大的利润，使企业在行业内部获得垄断优势。但这种优势并不持久，模仿者的进入会逐渐削弱企业的垄断优势进而使全社会技术进步得以实现。这种创新的不连续性和不均衡性，也是引发资本主义经济周期性波动的原因。熊彼特在《资本主义、社会主义与民主》中认为，企业企图获得超额利润的动机是企业进行技术创新的根本动力。没有技术创新，企业不可能获得发展。他还提出了"创造性毁灭"这一概念，认为创新在促使潜在利润转化为现实利润并推动资本主义经济发展的同时，也使一批企业在这一过程中被淘汰。经济正是在不断创新、不断毁灭的循环更替过程中得以发展。《经济发展理论》以及后来的《经济周期》《资本主义、社会主义与民主》构成了熊彼特创新理论基础的理论体系。

从熊彼特提出创新理论至今的一个多世纪，有关创新理论尤其是技术创新理论的研究越来越多。同时，以资本和劳动为研究对象的传统经济学对新技术革命带来的经济长期增长的解释缺乏说服力，熊彼特技术创新理论被主流经济学所接纳，并逐渐形成了新古典学派、新熊彼特学派、制度创新学派和国家创新系统学派四大理论学派。

技术创新的新古典学派以索罗（Robert Solow）和罗默（Paul Romer）等为代表，他们认为经济增长与资本、劳动和技术创新密切相关，但技术创新是推动经济增长的主要因素。索罗认为资本和劳动力要素的增加对经济增长只有"水平效应"而不具有"垂直效应"，技术创新才是促进经济增长水平提升的源泉。而罗默则认为知识积累才是经济增长的原动力，知识对经济长期增长的作用不仅表现在自身收益的递增性，更多地表现为全要素生产率的提升。技术创新古典学派将技术视为公共物品，技术创新的这种公共性表现为创新收益的非独占性和明显的正外部性，因此依靠市场自身的力量将导致技术创新供给不足。因此，技术创新的新古典学派认为政府应当对技术创新活动进行干预，通过财政、金融、税收等手段弥补市场失灵，实现对技术创新主体的有效激励，从而促进经济的发展。

新熊彼特学派的代表人物有曼斯菲尔德、卡曼、施瓦茨等。他们继承和发展了熊彼特的创新思想，重点研究了技术创新的过程机制，包括新技术推广应用、技术创新与厂商规模和市场结构之间的关系等，并提出了一系列创新扩散模型。曼斯菲尔德重点研究了技术创新的推广问题，得出了一些有益的结论。例如在技术创新推广过程中，模仿比例越高，模仿盈利率越高，技术越容易推广，而采用新技术的投资额度越大，新技术的推广就越困难。但这些理论分析建立在完全竞争假设之上，对现实经济的解释存在一定的局限性。因为现实中政府对新技术实施了专利权的保护，从而形成了技术垄断，排斥模仿者的参与，阻止了技术的推广扩散。卡曼和施瓦茨等进一步发展了曼斯菲尔德的技术创新扩散模型，提出了包含市场结构的技术创新市场结构模型。该模型认为，企业规模、竞争程度都能够影响技术创新，即竞争程度强弱与创新动力强弱成正比，但随着垄断程度的提高，企业技术创新会更持久。这种介于垄断和完全竞争之间的市场结构能够更好地促进技术创新。

以道格拉斯·诺思和兰斯·戴维斯为代表的制度经济学派认为，制度变迁对人类经济的发展起着根本性的作用。该学派利用一般均衡分析和比较静态分析方法分析技术创新外部环境中的制度因素，发现技术创新为个人和社会带来收益的巨大差距是造成外部性的主要原因，只有建立一个能够提高个人收益的产权制度才能激励技术创新。因此，通过明确界定产权，减少不确定性和"搭便车"行为，一定程度上能够提高技术创新制度的效率。同理，好的制度选择会促进技术创新，不好的制度设计将扼制技术创新或阻碍创新效率的提高。此外，制度创新学派不否认技术创新对改变制度安排的收益和成本的普遍影响，认为技术创新不仅可以增加制度安排，改变潜在利润，并且可以降低某些制度安排的操作成本，从而使建立更为复杂的经济组织和股份公司变得有利可图。

技术创新国家创新系统学派的代表人物包括克里斯托弗·弗里曼和理查德·纳尔逊。该学派以系统的观点看待国家技术创新体系，认为国家创新系统是推动技术创新的行为主体，而不是企业或企业家的孤立行为推动了技术创新。国家创新系统是参与和影响创新资源配置及其利用效率的行为主体、关系网络和运行机制的综合体系。以企业和其他组织构成的国家创新系统主体通过一系列制度安排，推动知识的创新、引进、扩散和应用，使整个国家的创新取得更好的绩效。弗里曼在对日本产业技术政策的研究中，认为日本通商产业省制定的技术创新政策和措施是日本国家创新系统的重要组成部分，通过技术创新政策随环境变化不断调整，持续为创新企业提供良好的政策环境。此外，弗里曼进一步研究了日本教育和培训制度及社会制度创新与日本企业技术管理及其组织特征形成之间的关系。研究认为，日本教育和培训制度为日本企业发展提供了大批优秀工程师，使日本在技术引进、工艺与产品更新方面获得巨大的成功。纳尔逊则深入研究了资本主义经济中专利制度在私有和公有方面的作用，认为寻找技术的私有和公有之间适当的平衡，才能保持足够的私人激励以支持创新，又能够通过其公有性促进技术的产业化应用。他还强调了大学和现代公司的R&D制度在资本主义创新制度中的重要地位。

二、效率理论及效率评价方法研究

(一) 效率理论

效率本是起源于物理学的概念，但在经济学领域得到广泛的运用。《辞海》中将效率定义为"一种机械在工作时其输出能量与输入能量间的比值"，这种从投入产出的角度衡量效率的方法被经济学研究者继承并发展。解决资源有限性和人类需求无限性之间的矛盾是经济学研究的使命，如何提高资源配置效率，实现既定投入条件下的产出最大化或者既定产出下的成本最小化就意味着实现了经济效率。

根据范围和研究对象的不同，效率有狭义和广义之分。狭义的效率又称为生产效率，是指一定企业、区域或行业如何使用掌握的生产资源实现产业最大化或产出既定的成本最小化。而广义的效率则是指不同的市场主体为实现效用最大化而配置资源的方式或途径。尽管当前效率评价领域没有统一的评价标准，但是经济学家帕累托提出的"帕累托效率"（Pareto Efficiency）标准得到了广泛的认同，即帕累托效率条件下资源配置能够让所有人在现有情况下达到经济利益最大化。

新古典经济学派专注于资源配置的研究，并认为完全竞争市场是实现资源有效配置的最佳方式，并提出了劳动分工、规模经济、市场结构和技术选择等提高资源配置效率的形式。索罗（1966）提出了一个生产要素可相互替代的生产函数 $Y = AF(K，L)$，并假定规模报酬不变和技术中性等条件，最终测得 1909~1949 年技术进步对美国经济的贡献率高达 87.5%。索罗建立的生产函数中，产出增长扣除劳动要素增长率和资本要素增长率的"余值"，被认为是技术要素对经济增长的贡献，这个"余值"也被称为"索罗余量"。许多学者从这个思路出发，通过生产函数的形式测度全要素生产率并将其称为全过程技术创新效率（Jorgenson and Griliches，1967）。

与新古典理论研究生产效率的视角不同，现代经济理论从投入—产出的角度对生产效率进行了分解。以 Farrell（1957）为代表的现代西方经济学家将生产效率分解为纯技术效率和配置效率：纯技术效率反映了生产体系在既有生产要素水平下获得最大产出的能力；而配置效率则反映了既定价格和技术水平下，生产体系达到一定产出水平使用要素最佳投入比例的能力。两者之间的有效结合可以实现总的生产效率。Farrell 给技术效率的定义是"在生产技术和市场价格保持不变的条件下，以既定的要素投入比例生产一定量产品所需要的最小成本（CL）占实际生产成本（CS）的比重"，用公式表示如下（TEI 为技术创新效率）：

$$TEI = \frac{CL}{CS} \times 100\% \tag{2-1}$$

生产经济学中将这种投入或产出中具有最优性质的函数称为前沿生产函数或生产前沿（Production Frontier）。生产函数前沿面估计方法主要分为两类：一类是以经济计量学为主的参数方法，代表性的如随机前沿分析；另一类是以数学规划方法为主的非参数方法，代表性方法如数据包络分析（DEA）。当一个经济体实现经济效率时，必然实现了技术上有效即纯技术效率和配置效率均达最优。如图 2-2 所示，在一个规模报酬不变的经济体系中，横轴和纵轴分别代表两种投入要素 X1 和 X2，Y 为单一产出，曲线 S 为等产量线，表示生产一单位 Y 需要最小要素投入组合（X1，X2）。PP'为等成本线，位于该直线上的 B'和 C 具有相同的要素成本。在 A 点实现的产出，通过缩减投入到 B 点也可以实现，这种改变是通过技术水平的改变实现的，因此，技术效率为 OB/OA。与 B 点处于同一产出水平的 B′点有着比 B 点更小的成本，可以通过改变两种生产要素的配置比例加以实现，这种变化体现的是配置效率的改善，配置效率为 OC/OB。值得注意的是，技术效率和配置效率取值的区间为 [0，1]。基于产出角度的生产前沿具有相同的道理。

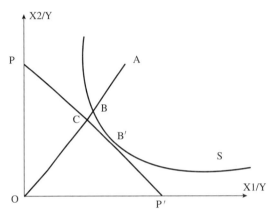

图 2-2　投入角度的效率度量

由此可以看出，针对特定的经济体的技术效率水平是由其实际生产与潜在生产之间的比例关系所决定的。当然，技术效率的测量无论从投入角度还是从产出角度，只要一个经济体（也称决策单元，Decision Making Unite，DMU）的实际生产点位于生产前沿之上即是最有效率的；如果位于生产前沿之下，则其是技术无效率的。

决策单元技术效率研究中，往往伴随着要素投入结构的改变，与之相关的是规模报酬变化。规模报酬（Returns to Scale）指在其他条件不变的情况下，决策单元内部各种生产要素按照相同比例变化时带来的产量的变化。决策单元规模报酬变化包括规模报酬递增、规模报酬不变和规模报酬递减三种情形。与决策单元规模报酬变化相对应的是规模效率（Scale Efficiency），即规模变化所引致的效率的变化，包括规模效率递增和规模效率递减。

（二）效率评价方法

目前国内外关于效率评价方法的研究已经非常成熟，使用的主要方法包括前沿分析方法、算术比例法、运筹学分析、模糊分析方法、数理统计方法和多指标综合评价方法。每一种方法都有其理论优势和适用的范围，要视研究对象和具体情况做出选择，但前沿分析方法使用最多并且受到经济学者的普遍关注。

效率的测度最早由 Farrell（1957）提出，他也是利用线性规划方法求解生产前沿面的凸边界进而测度投入产出效率的开创者之一。当前针对效率前沿形状、随机误差和低效率值的不同假定，用于测算前沿面的方法主要分为参数方法和非参数方法。其中参数方法以随机前沿分析为代表，非参数方法则以数据包络分析为代表。两种方法各有优点和缺点，其他的方法均是以这两种方法为基础发展的。学者们根据自身掌握的数据和测度需求可以选择适合的方法。

在 Farrel 研究英国农业生产力中提出的前沿面测度效率思想基础之上，运筹学家 Charnes 等（1978）创立了 DEA 理论，提出了规模收益不变（CRS）的 DEA 模型用以评价同类模型决策单元的相对有效性。作为一种线性规划方法，DEA 方法最大的特点是不需要事先设定具体的生产函数，可以利用决策单元最低投入和最大产出"构造"出投入或产出前沿，处于前沿面上的观测值效率最高为 1，而非前沿面上的决策单元的效率值则小于 1。效率值小于 1 的决策单元被认为相对前沿面的决策单元无效率，它表示在产出不变的情况下投入可以降低或者投入不变的情况下产出可以增加。但是，DEA 方法无法使用统计检验样本的拟合度并且存在指标敏感和决策单元数量限制。此外，DEA 方法的确定性边界没有考虑测量误差和统计噪声使其适用性大打折扣。

效率评价的参数方法则是根据传统生产函数估计思想，首先假定一种具体的生产函数，然后利用适当方法测算出生产函数中的相关参数，就完成了前沿函数的构造。随机前沿分析最初由 Aigner 等（1977）、Meeusen 等（1977）共同提出。SFA 方法虽然克服了确定性前沿的缺陷，但是却依赖合理的生产函数假设，而且当前广泛采用的 C-D 生产函数形式缺乏灵活性，会受到中性技术进步、不变产出弹性的限制（牛泽东等，2012）。如此看来，SFA 方法较 DEA 方法具有更大的普适性。

三、企业技术创新效率测度及其政府影响因素研究综述

（一）企业技术创新效率测度研究

技术创新效率的概念最早由 Afriat 提出并与生产可能性边界联系在一起考察经济资源投入产出"转化"过程中技术配置资源的能力。池仁勇（2003）从产出的角度定义了企业技术创新效率，认为企业技术创新效率是用来衡量一个

企业在一定要素投入情况下，产出距离生产前沿面的距离，距离越大，技术效率越低。邹鲜红（2010）指出，技术创新效率是技术创新过程各要素投入产出的转化效率，反映技术创新资源对技术创新产出的贡献程度即技术创新资源的配置效率。我国学者测度技术创新效率的研究关注的焦点包括三个方面：一是技术创新效率测度方法选择；二是创新投入和产出的衡量；三是如何克服所采用方法的不确定性使效率测度更加准确。

国内学者主要围绕随机前沿分析方法和数据包络分析方法展开。其中，池仁勇（2003）较早地利用 DEA 方法测度了企业技术创新效率，投入指标选取新产品研发经费、新产品开发人员和总资产三个指标，产出指标选取新产品销售份额、新产品增长率、主要产品更新周期和重大产品创新比重四个指标。官建成等（2009）测度高技术产业创新绩效时提出基于 R&D 活动相关投入和产出要素的分析，并且 R&D 成果和市场效应都应作为企业的创新成果。因此，投入选用研发经费、研发人员、新产品经费和技术改造经费四个指标，产出则选用发明专利、新产品销售收入和新产品出口收入三个指标。但是当前企业多采用多元化经营战略，要准确界定和取得各项投入产出指标数据存在较大的困难，反而简单的投入产出指标选择更为准确。李婧等（2009）采用 SFA 方法对各地区创新效率进行了实证测度，以 R&D 人员投入和 R&D 经费支出作为投入变量，以新产品销售收入作为产出变量。肖文和林高榜（2014）采用随机前沿方法测度全国 36 个工业行业的技术创新效率时亦采用了相同的做法。张宗益等（2006）、史修松等（2009）和宋来胜等（2017）均采用以 R&D 人员投入和 R&D 经费支出作为投入变量、以发明专利作为产出变量的做法，表明这三个核心变量在技术创新效率测度中非常重要。本书亦采用 SFA 方法测度战略性新兴产业上市企业的技术创新效率。

针对战略性新兴产业企业技术创新效率的研究是近几年我国学者的研究热点。有学者采用随机前沿方法，如肖兴志（2011）利用 SFA 模型通过测算我国战略性新兴产业的技术创新效率发现我国战略性新兴产业创新效率水平整体上较低。吕岩威和孙慧（2014）运用 SFA 方法测算了 2003~2010 年中国东、中、西部地区战略性新兴产业 19 个大类行业的技术效率，发现战略性新兴产业的技术进步很快，但水平较低。邬龙和张永安（2013）、李红锦和李胜会（2013）等均采用 SFA 方法研究了战略性新兴产业技术创新效率问题。亦有学者采用数据包络分析方法，如刘晖等（2015）采用 DEA 模型测算了 2007~2012 年我国战略性新兴产业技术创新的综合效率、纯技术效率、规模效率。刘迎春

（2016）使用 DEA 方法测算了中国战略性新兴产业的技术效率，使用高技术产业的创新效率近似地替代战略性新兴产业的技术创新效率。方芳（2014）、黄海霞和张治河（2015）采用类似的方法测算我国战略性新兴产业的效率。通过以上研究发现，我国战略性新兴产业的相关数据缺失较多，且统计口径不统一，导致采用 DEA 方法测算技术创新效率过程中往往利用高技术产业数据进行替代，而 SFA 方法则适用性更强。

（二）技术创新效率的政府影响因素研究

长期以来，我国各级政府一直支持企业的技术创新活动，国家层面和企业层面都加大了对技术创新研发投入的重视，但是经过长期发展，我国企业整体技术水平仍然比较落后，由生产技术和效率决定的国际分工地位并没有明显改善，多数企业仍然锁定在低技术低附加值领域，企业技术创新的成效并不明显（肖文和林高榜，2014）。因此，许多学者就影响我国技术创新效率提升的因素展开了研究，尽管每个学者研究方向和关注的因素并不一致，但是企业规模、市场竞争和所有制结构在众多因素中被关注最多。Chen 等（2004）发现，企业规模与技术创新活动存在正相关关系，规模经济能够提升企业的技术创新能力；朱有为和徐康宁（2006）、余永泽（2011）的研究也支持企业规模与技术创新的正相关性。关于市场竞争与技术创新的关系，熊彼特提出了垄断有利于技术创新的观点，但国内学者的研究却存在截然相反的观点，陈修德等（2010）实证研究发现市场竞争程度与技术创新效率存在反比关系，周立群和邓路（2009）则认为市场经济能够正向促进企业研发效率提升。随着政府与市场之间关系研究的进一步深入，所有制结构对技术创新效率的影响开始进入学者们的研究视野。冯根福等（2006）的研究表明国有企业形成的垄断优势有利于企业研发效率的提升，但是传统的研究却认为国有企业的低效率抑制了研发效率的提高。

当然，影响企业技术创新的因素多种多样，既有企业外部的，也受企业内部各种创新机制的影响。如余泳泽（2009）研究了市场化程度、政府资金支持和企业内部经营绩效对高技术产业创新效率的影响；黄贤风等（2013）研究了政府创新资金资助和技术溢出因素对企业技术创新的影响。因此，政府作为创新的坚定支持者不可忽视，本书会在后续的综述中予以说明。但是，企业内部管理机制属于公司治理的研究范畴，不在本书研究的范围之内。

第三节　产业政策与企业技术创新研究综述

一、产业政策促进企业技术创新机制研究

当前，我国经济由高速增长阶段步入高质量发展阶段，转变经济发展方式，实现产业结构优化升级，转换经济增长动力成为当前党和国家的工作重点。实施创新驱动，鼓励企业创新与产业升级已成为国家战略。而围绕产业政策与企业技术创新的相关研究实际上是产业政策存在合理性、有效性和政策制定与实施的进一步深入。越来越多的学者开始关注技术要素在经济发展中的作用，王允贵（2002）认为经济全球化时代，随着跨国企业的兴起和生产要素自由流动与全球配置，劳动和资本要素的比较优势和比较劣势已经不能成为中国产业升级和优化出口结构的指南。技术要素成为全球化时代比较优势和竞争优势统一性最好的要素。促进企业技术创新应当成为我国加入世界贸易组织（WTO）之后我国产业政策的主题。

产业政策扶持企业技术创新的最核心的解释即创新活动的外部性问题。在宏观层面，Arrow（1962）认为创新活动的正外部性导致的创新供给不足会阻碍一国的经济增长。由于创新活动的外部性，政府需要实施产业政策扶植企业研发活动和战略性新兴产业发展。首先，产业政策能够矫正企业研发活动的外部性（江小涓，1996；戴晨和刘怡，2008）。其次，产业政策能够纠正企业创新带来的信息外溢导致的正外部性，创新活动无论成功还是失败都是一种有利信息，信息可能会外溢，出现外部性问题，可以给尝试这方面创新的企业和个人提供足够的信息，指导未来的创新活动，这些信息有助于他们判断是否应该进入这个领域进行研发，或者如何加以改良以避免"重蹈覆辙"，减少无谓的冒险（Hausmann，2006；Rodrik，2009；Krugman and Obstfeld，2009；顾昕和张建君，2014）。最后，企业技术创新不仅存在技术溢出和信息外溢机制，还通过人才流动、市场溢出和利益溢出惠及其他企业和整个社会（宋常等，2008）。这些因素不仅导致企业创新活动存在严重的激励不足问题，还使企业技术创新面临普遍的融资约束，融资难、融资贵成为创新型企业尤其是科技型中小企业面

临的最大困难（徐海龙和王宏伟，2018）。因此，学者们建议政府有必要通过优化市场竞争环境、加强知识产权保护、提供财政补贴和税收优惠，以及完善改革现有金融体制和完善资本市场运行机制等方面促进企业技术创新（黎文靖和郑曼妮，2016；余明桂等，2017；孟庆玺等，2018）。

产业政策扶持能否促进企业的技术创新？不同的学者从不同的研究角度给出了答案。既有宏观环境对创新的影响研究（Tong et al.，2014；Aginon et al.，2015），也有诸如财政政策和金融政策等政策工具对产业创新和企业创新的影响研究（安同良，2009；李苗苗等，2014；李冲，2017）。但研究宏观经济政策与微观企业创新行为的文献较少，目前有黎文靖和郑曼妮（2014）采用2001~2010年沪深A股上市公司的专利数据，分析中国产业政策对企业创新行为的影响及其内部机理。研究发现，受产业政策激励的公司的专利申请量显著增加。余明桂、范蕊和钟慧洁（2017）利用手工收集的2001~2011年上市公司及其子公司的专利数据，检验了"五年规划"中产业政策对企业技术创新的影响。研究发现，产业政策可以通过增加创新产出的方式促进企业创新尤其是民营企业的技术创新。孟庆玺等（2018）以2007~2014年中国上市公司为样本，利用2011年"五年规划"变更这一自然实验构造的双重差分模型探讨了宏观产业政策之于微观企业创新的经济后果及其作用机制。研究表明，产业政策能够增加被扶持企业的创新投入，且影响程度呈现出"先升后降"的动态变化趋势。曹平和王桂军（2018）基于2001~2010年中国工业企业数据利用双重差分法和工具变量法经验分析了"五年规划"中选择性产业政策对企业创新的微观效应。研究发现，选择性产业政策可以显著地提高被扶持企业以新产品为表征的创新能力。可以发现，当前研究的产业政策主要集中在中央政府制定的"五年规划"，针对兼具战略性和新兴性特征的战略性新兴产业政策的研究较少，这将是本书研究的重点。

关于产业政策与企业技术创新之间的联系机制的研究，可以分为直接联系机制和间接联系机制。直接联系机制的研究是将产业政策工具作用于创新投入、创新产出或创新效率，检验其影响效应和影响机制（曹平和王桂军，2018；孟庆玺等，2018）。间接联系机制的研究通过设立中间传导变量，检验政策影响效应及作用机理（肖文和林高榜，2015）。余明桂等（2017）发现，产业政策能够通过信贷、税收、政府补贴和市场竞争机制促进重点鼓励行业中企业的技术创新。孟庆玺、尹兴强和白俊（2018）将产业政策扶持企业创新的作用机制分为"资源效应"和"竞争效应"两类。其中，政府补贴和税收优惠等政策工具被认为是资源配置工具，而降低企业市场势力和行业集中度则被认为是增强市场竞争机制。在间接联系机制中，市场竞争机制是学者们关注的重要变量。Aginon 等（2015）利用 1998~2007 年中国工业企业数据研究了产业政策与市场竞争之间的关系，认为竞争与设计得当的产业政策在催生创新、促进生产率增长方面能够发挥互补作用。余明桂等（2017）认为，产业政策能够通过市场竞争机制促进一般鼓励行业中企业的技术创新，但是政府补贴、信贷和税收机制的作用不显著。尽管如此，政府补贴和税收优惠仍然是产业政策实施的最为重要的工具和抓手，也是我们研究的重点。杨洋等（2015）从资源获取和信号传递两种传导机制下，采用 2003~2007 年中国工业企业数据库面板数据检验了政府补贴促进企业创新的所有制差异以及要素市场扭曲的调节效应，发现政府补贴对民营企业创新促进作用更大。李磊（2017）将政府补贴分为技术创新补贴和消费补贴，通过实证分析发现政府补贴全面推进了新能源汽车产业的技术创新，但也有学者得出了与之相反的结果。曹平和王桂军（2018）研究发现，选择性产业政策对企业创新的促进作用可以通过财政补贴、税收优惠和市场准入机制实现。但与民营企业相比，财政补贴这一直接干预机制对国有企业的创新能力甚至具有显著的负向效应。郭玥（2018）研究发现，创新补助会显著促进企业研发投入和实质性创新产出的增加，而非创新补助对企业创新无显著影响。更有学者认为，政府补贴存在挤出企业研发投入的可能而阻碍企业的创新行为（Kaiser，2006；Wallsten，2000）。税收优惠政策工具的研究开始得较早，形式也更多样。冯发贵和李隋（2017）研究发现，产业政策支持背景下企业获得的税收优惠程度越高，企业绩效越好。胡凯和吴清（2018）以 2009~2013 年中国制造业上市公司为样本，采用 CDM 模型研究了 R&D 税收激励政策的生产率效应，发现 R&D 税收激励能激励企业增加研发支出但不能增加专利产出，也不能促进企业全要素生产率提升，并提出应在研发支出的真实性、专利质量、专利转化体制机制以及政策实施所依存的制度环境等方面加以改进。王桂军和曹平（2018）以 2008~2013 年制造业上市公司为样本，采用双重差分法研究了"营改增"政策对中国制造业企业自主创新的影响及其作用机制。研究表明，"营改增"政策可以通过促进专业化分工显著地降低制造业企业以专利为表征的自主创新意愿。"营改增"在降低企业自主创新意愿的同时提高了企业的技术引进水平。

事实上，企业除了以推动技术进步和保持竞争优势为目的的创新行为外，还存在着以获取其他利益为目的的创新活动（黎文靖和郑曼妮，2014）。黎文靖等（2014）的研究发现，企业存在追求"数量"而忽略"质量"的"寻扶持"而创新。选择性产业政策是造成这种"策略性创新"而非"实质性创新"的重要原因。

各种政策工具如何使用，不同的学者观点并不一致。较早的研究是粗线条的，鲁文龙和陈宏民（2004）研究了我国加入WTO之后支持企业技术创新的最优产业政策，认为技术创新较大时政府给予补贴，技术创新较小时，补贴会减少以至于征税，并在必要的时候提供出口补贴，但是没有给出测度技术创新程度的标准。柳剑平（2005）的研究表明，在研发溢出程度较高时，政府应给予企业补贴，以鼓励其研发投入，而在研发溢出程度较低时，政府应在补贴的同时对企业研发活动征税，才能实现社会需要的研发活动水平。更进一步的研究如郑绪涛等（2008）则讨论了财政补贴的方向问题，认为对高新技术企业可以通过事前补贴补偿企业研发活动溢出效应带来的损失，通过事后补贴解决市场结构导致的研发和创新不足问题。

二、企业技术创新效率的政策影响研究

学者们关于产业政策与企业技术创新的研究多以关注宏观经济政策对微观主体的影响为主，而较少地关注微观企业技术创新能力。如余明桂等（2017）和孟庆玺等（2018）的研究更多的是政策效应的研究，回归模型多以创新产出（尤其是专利产出）作为被解释变量，政策工具作为解释变量。尽管专利产出一定程度上代表了企业技术创新的能力，但是技术创新效率则从投入产出效率的角度更加全面地诠释了企业技术创新的能力水平。肖文和林高榜（2015）指出，政府支持对技术创新活动本身是有利的，但是受制于政府和企业对技术不同偏好的影响，政策支持对技术创新效率的提升作用可能并不显著。吕岩威（2014）研究了中国战略性新兴产业技术创新效率及其影响因素，李彦龙（2018）研究了税收优惠政策对高技术产业创新效率的影响，但这些研究主要基于中观层面的行业数据测算，缺乏对微观企业主体的关注。本书将在这一方面深入展开研究，丰富企业技术创新效率测度及政策影响研究的内容。此外，与产业政策和企业技术创新相关的各种影响因素的研究中，所有制因素成为学者们关注的重点。一方面，企业层面的所有制结构能够反映出一个地区或国家市场与政府之间的角色定位，对于研究市场与政府之间的关系或者政府行为具有重大的意义；另一方面，在我国经济转轨过程中，不同所有制企业掌握和支

配经济资源的能力不同，对其创新产出和创新效率存在较大的影响。本书借鉴众多学者的做法，将产业政策对不同所有制企业技术创新的影响效应进行分析讨论。

创新的外部性决定了政府在企业技术创新中扮演着重要的角色。池仁勇（2003）检验了所有制、经营者的文化程度、企业技术创新方式、企业技术创新协调性和政府对企业技术创新支持程度五个因素对企业技术创新效率的影响。但他认为企业技术创新效率由企业制度、创新方式选择等企业内部因素决定，政府对企业技术创新的作用只能是改善宏观环境和整顿市场秩序，政府的补贴和税收优惠不是技术创新的真正动力。白俊红（2009）在研究区域创新效率过程中，考察了创新系统内部各主体要素及其联结关系对创新效率的影响，研究结果表明政府支持不利于技术创新效率的提升。冯宗宪等（2011）采用两阶段半参数 DEA 方法估计了中国大中型工业企业技术创新活动的技术创新效率和规模效率，实证分析了政府投入和市场化程度对创新活动的影响，发现政府投入对技术效率和规模效率都具有负向影响，但两者显著程度不同。余泳泽（2009）的研究表明，政府政策支持对高技术产业技术创新效率的提升有较大的影响。研究结果之所以大相径庭，可能是研究方法的不同，亦可能是研究对象的原因。以上研究将政府支持视为众多影响因素之一，也有学者单独研究了政府政策对技术创新效率的影响。刘继兵等（2014）以信息技术产业为代表研究了政府补助对战略性新兴产业创新效率的影响，发现政府补助能够显著提高企业创新产出和创新效率。李彦龙（2017）利用 SFA 方法分析了税收优惠政策对高技术产业创新效率的影响，发现税收优惠政策对研发效率有显著正向影响，对市场转化效率的影响为正但不显著。但是政府对技术创新的支持手段多种多样，包括政府补助、税收优惠和金融支持等，在众多政府政策支持工具中究竟哪一种政策工具对技术创新效率提升的作用更大，更能够激励企业提高创新资源的配置效率，目前尚没有学者对此展开研究，这将是本书的研究重点之一。

三、中国战略性新兴产业政策与技术创新研究

目前，产业政策与企业技术创新的研究对象多为"五年规划"或特定的政策工具（黎文靖等，2014；余明桂等，2017；曹平和王桂军，2018）。而整体上针对战略性新兴产业政策促进企业技术创新的研究并不多。李胜会和刘金英（2015）实证研究发现，当前的战略性新兴产业政策总体上是非失败政策，但

难言成功。相比于各省的硬件环境政策指标，如国家级高新技术产业基地的数量和科技研发政策强度对产业本身具有明显的直接促进作用，实证研究中发现政策优惠变量没有表现出负向作用，而是否出台产业规划对战略性新兴产业发展没有显著影响。韩超、孙晓琳和肖兴志（2016）以中国的战略性新兴产业政策文本为基础，构建基于供给、需求与环境分类的相关政策指数，并以此分析异质性产业政策与政策组合对企业投资决策的影响。研究发现，供给型政策稳健地促进了政府补贴的获取，但其同时抑制了企业私人投资。考虑企业异质性约束下的政策影响后发现，供给型政策抑制了高生产率企业获得政府补贴的趋势。考虑区域差异时发现，供给型政策对企业私人投资的抑制作用在中部更为明显。白恩来和赵玉林（2018）认为，创新型经济发展是我国经济结构调整的重要内容，通过对我国战略性新兴产业的宏观分析证明了当前政策的有效性。但在进一步研究生物医药产业和新能源汽车产业的微观分析时发现产业政策效果因产业的异质性而呈现出异质性。逯东和朱丽（2018）基于不同地区的市场化程度，采用双重差分模型研究了战略性新兴产业政策对企业创新的影响。研究发现，战略性新兴产业政策促进了受该政策支持企业的创新，受战略性新兴产业政策支持的国有企业获得了更多的政府补贴，战略性新兴产业政策通过政府补贴机制促进了国有企业的创新。以上研究都是对战略性新兴产业政策资源属性的研究，而且一致性指向产业政策能够促进战略性新兴产业的技术创新。伍建等（2018）从信号传递的视角研究了战略性新兴产业政策对企业创新的影响，发现政府补贴能够发挥信号属性作用帮助企业获取利益相关者的资源和支持。王明海和李小静（2017）的研究也证明了政府干预在企业创新投入和创新产出过程中具有明显的信号传递效应，但是对最终产出没有明显的影响。

也有学者从创新投入、创新产出和生产率等角度研究了战略性新兴产业政策工具的作用。如储德银等（2016）和储德银等（2017）研究了财政补贴与税收优惠对战略性新兴产业创新投入和创新产出的激励效应，发现财政补贴与税收优惠对战略性新兴产业研发费用投入的激励效果基本相同，但两者对人力资本投入的激励效果存在一定差异，且主要表现为税收优惠的激励效果并不显著。任优生和邱晓东（2017）利用我国战略性新兴产业上市公司数据发现，政府补贴对新兴产业全要素生产率变化率的上升具有显著抑制作用。闫志俊和于津平（2017）采用1999~2007年中国工业企业数据得出了相似的结论，并且指出政府补贴使企业产生政策依赖，补贴资源在研发部门和生产部门的不合理分配，使新兴产业的规模扩张具有粗放型特征，并非以生产率提升为基础。

　　白雪洁和孟辉（2018）研究了中国战略性新兴产业政策制定实施过程中显著的双重委托代理关系以及由道德风险和逆向选择行为导致的激励约束缺失。在如何制定和实施战略性新兴产业政策，更好地促进企业技术创新方面，部分学者深入研究了政府补贴的作用机制，武咸云、陈艳和杨卫华（2016）认为，政府补贴存在一个临界点，低于此点的补贴强度可以诱导企业 R&D 投入，高于此点的补贴强度会挤出企业 R&D 投入。巫强和刘蓓（2014）利用动态博弈模型分析了政府研发补贴的不同发放方式对战略性新兴产业创新产生的不同影响机制。研究发现，在促进原始创新方面定额补贴不如比率补贴有效。而王宇和刘志彪（2013）认为，R&D 补贴的效果取决于不同产业中研发活动的知识溢出效应，政府对不同产业进行 R&D 补贴时要根据战略性新兴产业与传统产业交替的不同发展阶段进行动态调整。但究竟采用何种工具、方式实现战略性新兴产业技术进步的同时避免资源错配和企业套利，目前并未达成共识，财政补贴和税收优惠政策依然是各级政府促进战略性新兴产业发展的重要手段。因此，本书在总结其他学者经验的基础上，提出了更好发挥政府补贴促进战略性新兴产业发展作用的政策建议。

第四节　本章小结

　　产业政策是我国政府经济政策的重要组成部分，在当前政府进行宏观经济管理中发挥越来越重要的作用，但是围绕产业政策必要性、合理性和有效性的争论却从未中断。产业政策必要性的理论依据包括市场失灵理论、比较优势理论和市场结构理论等，认为通过产业政策能够弥补市场失灵，保护幼稚产业发展，实现产业结构由低级向高级的蜕变。但也有学者从政府失灵的角度提出了相反的观点。关于产业政策的有效性既有支持也有反对，支持者认为产业政策的使用增强了产业竞争力，提高了全要素生产率，实现了地区产业结构的合理化和高度化；反对者则认为产业政策导致了市场扭曲和资源配置的低效率，限制了市场竞争，引发了产能过剩等，对经济产生了负面效应。宏观产业政策对微观企业的融资、投资、经营业绩和创新水平亦有一定的影响。产业政策制定的合理性体现在产业选择的合理性和制定程序的合理性，而产业政策的执行过程则依赖我国现有的自上而下的行政体制得以实现，并伴随着各级政府之间的激烈博弈。产业政策的制定和实施导致行政干预过多、资源配置不均衡等问题，其制定和实施机制亟须转型。

创新要素在一国经济发展中发挥着重要作用但其理论形成较晚，熊彼特系统论述了创新在经济发展中的重要性并形成了相关创新理论，后经过新古典学派、新熊彼特学派、制度创新学派和国家创新系统学派的发展，其内容和理论更加丰富。本书进一步阐明了效率理论的发展过程及主要的效率评价方法，综述了国内外企业技术创新效率的测度的数据包络分析方法和随机前沿分析方法，以及使用的投入产出指标，并进一步对影响企业技术创新效率的因素进行了梳理。

产业政策扶持企业技术创新的理论依据主要是市场失灵（技术创新外部性）和保护幼稚产业（战略性新兴产业），但政策实施效果并没有统一的结论。产业政策促进企业技术创新的联系机制中，信贷、补贴、税收和市场竞争成为学者们关注最多的传导变量，但对各类政策工具的评价结果并不一样，针对政策工具如何安排使用的研究较为匮乏。

第三章
概念界定及理论回顾

第一节　概念界定

一、产业政策的概念界定

1970 年，日本通产省的代表在经济合作与发展组织大会上正式提出了"产业政策"一词，使有关产业政策的理论和实践研究进入了一个新的阶段。但是，迄今为止，关于什么是产业政策这一最基本的问题，经济学界仍然没有达成共识，主要原因在于不同的学者有着不同的研究角度和学术背景。在现有与产业政策相关的研究文献中，国外学者对产业政策的理解存在截然相反的两种观点。

第一种观点从否定政府的视角出发，认为产业政策是有关产业的一切政府政策的总和；或者认为产业政策就是计划，是政府对未来产业结构变动方向的干预，政府出台的任何干预市场经济的政策都是对市场经济的破坏。按照这种观点，政府制定的涉及产业发展的所有法律法规计划，以及一切针对产业发展而提出的政策都是产业政策。其目的是使产业发展方向按照政府的意志进行调整。尽管这些政策对企业可能带有强制性，也可能仅具有指导性和建议性，但其出发点都是使产业发展受到政府意志的约束。日本经济学家下河边淳和管家茂（1982）这样定义产业政策："产业政策是国家或政府为了实现某种经济或社会目的，以全产业为直接对象，通过对全产业的保护、扶植、调整和完善，积极或消极地参与某个产业或企业的生产、营业、交易活动，以及直接或间接干预商品、服务、金融等的市场形成和市场机制的政策的总称"。美国社会学家阿密塔伊·艾特伊奥利则认为产业政策就是计划，并且认为产业政策只不过是计划经济采用了一个更加温和、悦耳的名字。

第二种观点则从功能性视角出发，认为产业政策一是政府为弥补"市场失灵"而采取的补救措施，如日本小宫隆太郎（1988）所说"产业政策的中心课题，就是针对在资源分配方面出现的'市场失灵'采取对策"。二是后发国家为了赶超发达国家，增强国内产业竞争力，而采取的有限干预政策的总称。如为了弥补市场在资源配置方面的缺陷，通过价格机制（限价或保护价），使资源向着有利于国家利益最大化的领域配置，以避免产业结构严重失去平衡而采取的政策；后发国家为了保护自己的民族工业对某些产业采取的重点支持政策，包括进口限制政策、财政支持政策、金融扶植政策、出口补贴政策等。美国学者查默斯·约翰逊（1984）将产业政策视为整个经济政策体系的一部分，认为产业政策是政府为了取得在全球的竞争能力，在国内发展或限制各种产业的有关活动的总的概况。这些政策具有明显的产业倾斜性，并随产业发展环境的变化进行调整。功能性视角将产业政策视为经济政策三角形的第三条边，它是对货币政策和财政政策的补充。

上述两种观点对产业政策的认识站在不同的视角和立场，其分歧点不仅仅在于产业政策的范畴，前者所包括的范围较广，把所有涉及产业发展的所有政策都归为产业政策。随着改革开放的推进，我国逐步完成从传统的计划经济体制向社会主义市场经济体制过渡，产业政策成为各级政府实施宏观调控的重要手段。"产业政策"一词在我国官方文献中最早出现是在 1986 年制定的《中华人民共和国国民经济和社会发展第七个五年计划（1986－1990）》中，学术界的研究还要更早一些。基于我国基本国情和产业发展特点，我国学者对产业政策的研究逐步深入，对产业政策的理解和认识也更加深刻。以下列出了我国产业政策研究领域的著名学者对产业政策概念的理解。周叔莲（1988）将产业政策界定为国家系统设计的有关产业发展，特别是产业结构演变的政策目标和政策措施的总和。江小涓（1996）认为，产业政策是政府为了实现某种经济和社会目标而制定的有特定产业指向的政策的总和。汪同三和齐建国（1996）认为，产业政策是政府通过政策手段对资源配置和利益分配进行干预，对企业行为进行限制和诱导，并对产业发展的方向施加影响的一系列政策行为。苏东水（2015）在其论著中采用了广义产业政策的内涵，即产业政策是一个国家的中央或地方政府为了全局和长远利益而主动干预产业活动的各种政策总和。芮明杰（2016）将产业政策界定为针对市场经济运行中可能出现的市场失灵和错误导向，政府为修正市场机制作用和优化经济发展过程，对产业结构的调整和产业组织所采取的各种经济政策的总和。林毅夫等（2018）代表的新结构经济学派认为，凡是中央或地方政府为促进某种产业在该国或该地发展而有意识地采取的政策措施就是产业政策。从以上对产业政策概念的理解和论著中，我们可以发现各位学者均采用了广义产业政策的研究视角，认为产业政策是一系列政府政策的总和。产业政策的作用对象也从最初的产业结构调整到资源优化配置再到弥补市场缺陷。同时，结合前人的研究经验，我们认为产业政策的制定和实施主体是中央和地方各级政府；作用的对象应该是一类产业或一系列产业；政府产业政策制定过程并没有明确的原则或准则可以遵循，且政府宏观调控的目的并不限于弥补市场失灵和实现经济赶超。基于以上判断，本书认为，产业政策是某一时期内，中央或地方政府为实现特定目标针对一类或几类产业制定和实施的一系列政策措施的总和。

需要特别说明的是，尽管许多学者利用诸如政府补贴、税收减免等财政政策工具对产业政策进行了深入的研究，并以此作为评价产业政策效果的手段，但是产业政策和财政政策有着不同的目标、作用主体和实现方式。产业政策的实施需要借助产业政策工具，财政手段由于其直接性和便利性，成为政府产业政策的基础性工具（宋凌云和王贤彬，2017）。产业政策和科技创新政策尽管存在相同的政策工具，如财政政策和金融政策，但两者在作用对象、目标和功能方面存在较大的差别。首先，两者的作用对象不同，科技创新政策的对象是科学技术人员、科研机构及企业，而产业政策的目标则是产业结构和产业组织。其次，两者目标不同，科技创新政策的目标是推动科技进步，而产业政策的目标则是促进经济结构转换，实现产业结构的优化和升级。最后，两者功能不同，科技创新政策具有导向功能、协调功能和控制功能，而产业政策的功能主要是弥补市场失灵，促进幼稚产业发展，实现经济资源的优化配置。

国内外学者针对产业政策分类的观点并没有形成统一的结论。借鉴我国学者的研究成果，最为常见的一种分类方法是按照内容不同进行分类，产业政策可以分为产业发展政策、产业结构政策和产业组织政策。其中，产业发展政策包含产业技术政策、产业布局政策、产业金融政策及产业可持续发展政策（盛洪，1988；芮明杰，2015）。按照产业政策的目的，可以将其分为经济性政策和非经济性政策。例如，以提高经济运行效率和效益为目的的政策都可被划为经济性政策；而为发展特定地区的产业以使该地区繁荣起来的政策、抑制酒类和奢侈品消费的政策、从保障安全出发而提高某一产业的国内自给程度的政策都可视为非经济性政策。根据产业政策的工具和效果，可以将其分为功能性产业政策和选择性产业政策（黎文靖等，2016）。其中，功能性产业政策代表市场友好型，旨在增强政府在产业发展中服务功能的政策，如政府在完善市场制度、改善营商环境、促进企业技术创新等方面发布的政策；而选择性产业政策则往往以市场失灵或规模经济等作为理论依据，对产业内特定企业、产品或技术进行选择性扶持的政策，与前者相比，后者带有浓厚的市场干预特征，在学界和政界均有很大的争议。

二、战略性新兴产业

（一）中国战略性新兴产业的界定

目前，关于战略性新兴产业，学术界没有形成统一的界定方法，包括确定的内涵和产业边界。但这又是本书后续实证研究亟须搞清楚的问题，否则会陷入混乱。2010年10月，国务院发布《国务院关于加快培育和发展战略性新兴产业的决定》，指出战略性新兴产业是以重大技术突破和重大发展需求为基础，对经济社会全局和长远发展具有重大引领带动作用，知识技术密集、物质资源消耗少、成长潜力大、综合效益好的产业。并将节能环保、新一代信息技术、生物、高端装备制造、新能源、新材料和新能源汽车七个行业作为现阶段培育和发展的重点。此后，学术界开始就战略性新兴产业的内涵特征展开了研究，比较一致的是战略性新兴产业表现出来的战略性和新兴性。

战略性新兴产业顾名思义具有鲜明的战略性特征，万钢（2010）认为"战略性"是针对结构调整而言的。战略性新兴产业的这种"战略性"还表现在对我国经济发展方式转型的"引擎"作用，对未来就业增长、经济增长和内外均衡指标企稳的带动作用，对国家未来竞争力稳步提升的全局性、长远性作用。对战略性新兴产业战略性的解释主要见于战略性新兴产业规划启动时期，如姜江（2010）、华文（2010）、宋河发等（2010）强调了战略新兴产业的战略性和创新性能带动一批产业兴起，对国民经济和社会发展具有战略支撑作用，最终会成为主导产业和支柱产业的业态形式。肖兴志（2011）比较全面地总结了战略性新兴产业全局性、长远性、导向性和动态性四大特征：全局性关系经济社会发展全局并为之做出重大贡献；长远性意味着产业增长潜力对经济社会发展的贡献是长期的；导向性意味着产业的发展方向与政府的政策导向；动态性意味着产业发展能够根据时代变迁和环境变化做出调整。

新兴性是战略性新兴产业的又一鲜明特征，主要表现在战略性新兴产业需要以重大科技突破为发展前提，密集应用大量前沿技术，而与此同时，产业发展的技术路径和市场前景都具有高度的不确定性，具有高收益与高风险并存的典型新兴产业特征。国内外关于新兴产业的研究中已经就其技术创新特征进行了深入的探讨。在《国家竞争优势》中，波特教授将新兴产业界定为新出现或者由传统产业升级而成的产业，新兴产业的产生源自科技创新、相对成本结构变化或新的市场需求。何维达和杜鹏娇（2010）认为，新兴产业能够迅速引入技术和组织创新，符合经济发展的先进性要求。肖兴志（2011）认为，新兴产业的内涵特征包括创新型、需求型、成长性和营利性。也有部分学者注意到战略性新兴产业的技术前沿性和不确定性导致产业发展的初始成本较高（姜大鹏，2010；李晓华和吕铁，2010）。综上可知，创新是战略性新兴产业企业的本质特征，从战略性新兴产业的视角研究产业政策与企业技术创新的关系具有一定的现实意义。

（二）战略性新兴产业分类

战略性新兴产业是一类具有战略性和新兴性的产业，具有动态性特征，随着时间的推移和国内外宏观经济环境的变化，其内涵和边界是变化的，纳入到战略性新兴产业范畴的企业类型也是动态性、可扩展的。在《国务院关于加快培育和发展战略性新兴产业的决定》中，将节能环保、新一代信息技术、生物、高端装备制造、新能源、新材料和新能源汽车七类细分行业作为加快培育和发展的重要领域，并设立战略性新兴产业发展专项资金予以支持。随后，我国部分学者也曾尝试提出选择战略性新兴产业的方法。如庄媛媛和吴兆义（2011）提出了战略性新兴产业选择的产业增长潜力基准、产业关联效应基准、产业技术进步基准、比较优势基准、产业就业功能基准和可持续发展基准六大选择标准，在此基础上构建了战略性新兴产业选择的指标体系并给出相应的权重。就理论而言，这种方法能够全面、客观地选择出基于六大基准界定的战略性新兴产业，但是权重设定过程仍然存在人为因素的影响，此外，该指标体系并没有相应地实证证明其有效性和适用性。

为了能够推动《"十二五"国家战略性新兴产业发展规划》和《"十三五"国家战略性新兴产业发展规划》的顺利实施，满足统计上测算战略性新兴产业发展规模、结构和速度的需要，国家统计局分别发布了《战略性新兴产业分类（2012）》（试行）和《战略性新兴产业分类（2018）》，用于对《"十二五"国家战略性新兴产业发展规划》和《"十三五"国家战略性新兴产业发展规划》进行宏观监测和管理。其中，2012年版本包含七大领域，对应《国民经济行业分类》中的行业类别359个，对应发改委编制的《战略性新兴产业重点产品和服务指导目录》的产品及服务2410项。2018年版本在2012年版本上进行了细化和扩展，在原有七大领域基础上新增数字创意产业和相关服务业两个领域，以现行《国民经济行业分类》（GB/T 4754-2017）为基础，对其中符合"战略性新兴产业"特征的有关活动进行再分类，使战略性新兴产业的分类更加科学。

鉴于本书拟对"十二五"时期我国战略新兴产业政策与企业创新展开研究，使用的统计数据主要集中于"十二五"期间，因此，为保证统计数据和统计规则的一致性，本书继续采用《战略性新兴产业分类（2012）》（试行）中的分类标准。值得一提的是，在《中国高技术产业统计年鉴》中已经覆盖了战略性新兴产业七大领域的三大类，包括新一代信息技术、高端装备制造和生物医药。尽管未能全面覆盖，但是考虑到我国战略性新兴产业发展规模中新一代信息技术、高端装备制造和生物医药三大产业的占比较大，它们的发展状况一定程度上反映了战略性新兴产业的整体水平。学者刘迎春（2016）、杨震宇（2017）曾利用高技术产业的统计数据代替战略性新兴产业进行研究。

三、企业技术创新

技术是为某一目的共同协作组成的各种工具和规则的总和，是为完成某一目的做事的方式。根据《供发展中国家使用的许可证贸易手册》中给技术的定义，技术是制造一种产品的系统知识、所采用的一种工艺或提供的一项服务，不论这种知识是否反映在一项发明、一项外形设计、一项实用新型或者一种植物新品种，或者反映在技术情报或技能中，或者反映在专家为设计、安装、开办或维修一个工厂或为管理一个工商业企业或其活动而提供的服务或协助等方面。而经济学意义上的技术，不同的学术流派具有不同的定义。新古典经济学派以生产函数的形式定义技术，生产函数表达各种技术上可行的投入品组合或者生产要素与产出之间的关系，生产函数的移动代表着技术的变化。毕达哥拉斯式的技术观将技术理解为相关事件的数量以及事件的独特性和新颖性。因此，技术创新是以创造新技术为目的的创新或以科学技术及其创造的资源为基础的创新。技术创新有多种形式，熊彼特在《经济发展理论》中指出，"可以根据生产函数来定义创新，如果生产函数的形式得以变化，则就有了一种创新"。也有观点认为，相对要素价格比的变化决定着要素替代以及技术进步的范围，即当劳动力相对于资本变得昂贵时，企业为节省劳动力被迫开发新技术。按照不同的分类方法，技术创新的研究视角也不同。根据技术创新的重要性程度不同，可以分为渐进性创新、根本性创新、技术系统的变革和技术—经济范式的变更；而根据技术创新模式的不同，可以分为自主创新、合作创新和引进消化吸收再创新。根据技术开发主体的不同，技术创新可以分为个人创新、科研机构的技术创新和企业技术创新。根据孙福全和陈宝明（2006）的研究，我国已经具备了企业作为技术创新主体的所有特征，随着我国科技体制机制改革的推进，企业已经成为我国技术创新的主体。

在资本主义经济中，技术确实具有明显的两重性，即它具有公的一方面，也具有私的一方面（王春法，1998）。因此，技术创新也具有明显的两重性特征：一方面，无论是企业还是公共研究机构的技术创新，都可以通过申请专利的方式获得其使用的垄断权，任何其他人要使用这种新技术，都必须首先获得技术产权所有人的同意并获得专利许可。从这个意义上来看，技术创新的成果完全是私人产品。关于技术创新的私人或产权方面，熊彼特在《资本主义、社会主义与民主》中将通过引进一种新产品或新工艺所获得的私人垄断超额利润视为资本主义国家对于技术创新的奖赏和引诱。然而，另一方面，在正常情况下，垄断是有限度的，竞争者迟早能够通过模仿或创造类似先期技术创新最终使技术创新走向公有，这就是技术创新的公有方面，技术创新从私有走向公有主要通过以下两种途径：一是企业技术创新申请的专利受法律保护的时间是有限的，作为交换，专利所有人要披露其专利及其工作机制并同意在一定年限以后放弃其产权控制。任何人都可以无偿地利用这些信息并在这些信息基础上进行更为深入的研究。从这个意义上看，技术创新本身具有先天性公共产品的性质。二是技术创新作为一种编码的知识，存在明显的知识溢出效应。通过技术人才在企业间的流动、企业间研发合作、企业家再创业和贸易投资等途径实现技术创新知识的溢出，私有技术创新成果最终走向公有。

技术创新除了具有公有和私有的两重性质，还具有明显的复杂性和不确定性。企业的技术创新是一个介于科技发展与经济增长之间的重要环节，并不像人们想象的那样只有一步之遥，而是有着许多环节和惊险的飞跃。技术创新的极端复杂性指技术成果的筛选、科技成果的实用化以及技术成果变为产品从企业进入市场的过程都是一个复杂的过程。技术创新的不确定性包括技术的不确定性、市场的不确定性、技术成果转化的不确定性和制度环境的不确定性。技术创新的复杂性和不确定性代表着技术创新过程的高风险性。

第二节　理论回顾

一、市场失灵理论

在西方经济学理论中，在完全竞争条件下，"看不见的手"的原理一般来说并不成立，帕累托最优状态通常不能得到实现，即现实的资本主义市场机制在很多场合不能实现资源的有效配置，这时便认为出现了"市场失灵"或"市场失效"。市场失灵理论的主要内容包括四个方面：垄断、外部性、公共物品和不完全信息。

作为市场运行的结果，垄断的存在使市场出清时整个社会并没有达到帕累托最优状态，消费者存在一定的效率损失。均衡价格高于完全竞争市场价格，此时社会资源配置是低效率的。垄断除了导致资源配置低效率之外，还容易引发企业寻租活动，从而获得更大的垄断利润。尽管垄断导致效率损失，但是部分学者认为适度垄断比完全竞争更有利于资源配置，尤其是涉及规模经济问题及对研究和开发（R&D）的重要作用。

外部性则是个人或企业的活动对其他人或企业造成影响而并没有承担由此带来的成本或收益，价格体系受到外来因素的影响。其主要特征表现为非市场性、决策的伴生性、关联性和强制性（刘辉，1999）。技术创新的溢出效应即是正外部性的最好例证。目前关于外部性的解决存在两种截然不同的路径：一种是以庇古为代表，主张通过政府的介入，通过征税或发放补贴的方式，使外部性的成本补偿或收益补偿。二是以科斯为代表的私人解决路径，主张通过明确产权的方式固定私人成本和社会成本承担的主体。但是这种解决途径受到交易成本的制约，并且斯蒂格利茨指出当外部性涉及的人数众多时，交易成本不可能很小。

公共物品则是一类具有非排他性和非竞用性的物品，其边际成本为零，无法通过市场价格信号引导其供给。因此，此类物品存在天然的供给不足。这就带来"搭便车"问题和偏好显示不真实，致使公共品生产者的需求曲线无法确定。萨缪尔森在《公共支出纯理论》中通过均衡分析认为在完全竞争市场条件下，公共物品的生产无法得到均衡解。巴托在《市场失灵的剖析》中也有相似的论述。两人关于公共物品里程碑式的成果为后人的研究开辟了广阔的空间。

垄断、外部性和公共物品构成了市场失灵理论研究的传统领域，随着信息社会的到来，部分学者将信息不对称理论纳入到市场失灵理论的研究范畴。信息不对称是指由于市场交易双方掌握信息不一致而导致的信息拥有方利用自身优势而损害另一方利益的行为。这一理论由美国经济学家约瑟夫·斯蒂格利茨、乔治·阿克尔洛夫和迈克尔·斯彭斯最早提出，并因此获得2001年诺贝尔经济学奖。信息不对称问题是市场失灵的重要表现，不仅可以引发委托—代理问题，还容易形成柠檬市场，破坏正常的市场秩序。

二、政府失灵理论

与"市场失灵"理论相对的是"政府失灵"（Goverment Failure），即政府以"市场失灵"为理由对经济进行干预的结果，劣于让市场本身解决问题的结果。换句话说，依靠市场机制运作的结果虽然不能令人满意，但政府干预的结果却更糟。政府失灵是在克服市场失灵的过程中出现的，主要表现在以下方面：①政府干预经济活动由于行为能力和其他客观因素制约而达不到预期目标；②政府干预经济活动实现既定目标的方式或选择的资源配置方式是无效率或低效率的；③政府干预经济活动有效率地实现了预期目标，但都带来不利的事先未曾预料到的副作用；④部分市场失灵问题超出了政府能力边界，如核利用中的污染问题、国际贸易纠纷问题等。产业政策领域政府失灵主要表现在以下三个方面：

首先，产业政策制定者和执行者的目标与产业政策的目标并不一致，导致产业政策主管部门会偏离真实目标制定出并不合理的产业政策。而地方政府作为产业政策的执行部门，为追求地方利益最大化，会选择性地执行中央政府颁布的产业政策，甚至与之相背离，使产业政策效果大打折扣。中央政府产业政策实施过程中政策工具有限性和目标多元性之间的矛盾也难以保证产业政策的成功实施。

其次，产业政策主管部门受限于自身能力，很难制定出可以完全在理论上弥补市场不完美的合理产业政策。布坎南（1998）认为，公共政策的制定要远比市场决策复杂，存在种种不确定性，使政府制定和执行合理的产业政策存在困难，由此产业政策不但不能弥补市场机制的缺陷，反而会加剧市场失灵。张维迎在与林毅夫关于是否需要产业政策的辩论中，张维迎指出人类认知能力的限制成为产业政策失败的重要原因。Tullock（1967）认为，政府决策者无法掌握决策所需的全面信息以及官僚体系内存在的寻租倾向可能损害社会福利，导致无法制定出合理的产业政策。

最后，合理的产业政策也不一定能被产业政策执行部门完美地执行，执行出现偏差会严重影响产业政策的实施效果。Demsetz（1969）认为，企图"用一个完美的政府代替一个不完美市场的想法是荒谬的"，政府推行产业政策的能力有限，且直接的行政干预容易诱发企业的不当行为。产业政策会与其他政策存在冲突，导致产业政策执行受阻。此外，产业政策作为一项经济政策涉及主导产业、新兴产业和成熟产业等多产业之间的资源配置问题，产业部门之间和政府部门之间存在不同的利益取向，而且同一产业内部的不同地区和不同企业之间利益取向也明显不同，导致产业政策主管部门制定的产业政策在执行过程中受到相关利益集团的阻挠而困难重重（赵嘉辉，2013）。

第四章
中国产业政策促进企业创新的政策实践和反思

第一节　中国产业政策发展历程

一、改革开放至 21 世纪初我国的产业政策（1978~2001 年）

中华人民共和国成立之后到改革开放之前，中国通过学习和借鉴苏联模式，采用五年计划的形式对国民经济实施干预。实际上，我国产业政策从 1953 年开始便作为"五年计划"的重要组成部分而存在，并始终扮演着政府干预市场经济影子的角色（陈冬华等，2018）。政府利用价格管制等行政手段强行配置经济资源，对我国经济社会发展产生了重大影响。尽管中华人民共和国成立之后至改革开放期间，我国经济建设取得了长足的进步，但也存在诸多问题，产业结构失衡问题十分严重。一是轻重工业比例严重失衡，轻工业发展落后问题严重，轻工产品供应紧张以致不能满足人民群众的基本生活需求；二是原材料、燃料动力、交通运输等基础行业发展落后；三是工业品出口能力不足，国际市场竞争力较弱，而某些加工工业能力过剩。

改革开放初期，面对我国产业结构失衡问题，产业结构调整成为当时经济工作的重要任务之一。与此同时，日本战后经济的飞速发展被认为是政府通过产业政策干预的结果（Johnson，1982）。1982 年，中国社会科学院赴日宏观经济考察团撰写的《日本政府宏观经济管理初探》中，介绍了日本的产业政策及其特点和在经济发展中的作用。此后，国内学者和部分高校及科研机构相继对日本产业政策展开研究，比较有代表性的有田万苍（1986）、托马斯·普戈和魏世安（1986）以及今井贤一（1986）等，国务院发展研究中心对日本通产省制定推行的产业政策进行了学习并在"中日经济学术交流会"上与日方学者进行深入的交流和讨论，为日后政府采纳和推行产业政策奠定了基础。

改革开放初期我国产业政策类型主要以短线政策为主，主要是为了解决我国产业结构存在的突出问题。1989 年出台的《国务院关于当前产业政策要点的决定》指出，产业政策主要针对"我国产业结构上存在着比较严重的问题而出台，当前的产业政策要点……以近期为主的原则制定的"。20 世纪 90 年代，我国的产业政策目标开始向长期转变，1994 年颁布的《90 年代国家产业政策纲要》明确提出产业政策目标是优化产业结构，重点是"加快培育发展主导或支柱产业"。

随着改革开放的不断推进和社会主义市场经济的发展，我国产业政策的计划和行政手段趋于减弱，更加注重实用经济手段和行政手段相结合的方式推动产业的发展，需求侧管理手段开始出现，例如《汽车产业发展政策》中鼓励个人消费汽车。但是，以项目审批为代表的行政准入政策手段仍然占主导地位。对市场机制持较为保留的态度，以及计划经济管理模式的惯性，使当时的政策成为产业计划管理与选择性产业政策的混合产物（江飞涛和李晓萍，2018）。这一阶段选择性产业政策为主导主要表现在以下三个方面：一是支持重点产业发展，鼓励发展"短缺性"产业，培育"赶超"型主导和支柱产业以及高技术产业；二是限制"长线"产业发展，淘汰部分落后产能；三是鼓励发展第三产业。如在 1992 年颁布的《中共中央　国务院关于加快发展第三产业的决定》中制定了第三产业发展目标。与此同时，功能性产业政策也开始出现：一是政府开始基础设施领域直接投资；二是对衰退产业职工的培训和再就业扶持；三是重视产品标准制度建设（黄汉权等，2017）。总体而言，这一阶段通过采用产业政策进行调控放松了对经济主体的控制，扩大了地方和企业的经济决策权，激发了经济主体的活力，促进了产业与经济的发展。

二、强化宏观调控的产业政策（2002~2012 年）

21 世纪初，我国社会主义市场经济体制得以确立，市场在资源配置中开始发挥基础性作用。中国改革开放进一步推进，加入世界贸易组织（WTO），深化与周边国家的经贸合作，中国和世界经济的关系日益紧密。与改革开放初期的产业政策相比，这一阶段的产业政策呈现出许多新的特点。产业政策目标更加多元化，更加注重产业政策工具的运用。

就产业政策目标而言，进入 21 世纪以来，受国际环境影响和国内经济形势变化，我国产业政策目标表现出明显的不确定性特征。其中 2002 年，钢铁、水泥、平板玻璃等部分行业过剩产能问题引起政府高度重视，化解过剩产能成为重要的产业政策目标。2004 年以来，国家发展改革委先后制定出台了汽车、水泥、电解铝、钢铁、电石等行业的专项产业调整指导意见。但 2008 年之后，国际金融危机对我国经济产生了强烈冲击，随后国务院出台了以"保增长、扩内需、调结构"为主要内容的十大产业调整和振兴规划，产业政策目标再次转向。

这一阶段，我国产业政策在保持总体产业政策调整和行业政策强化的同时，仍然是以选择性产业政策为主的政策模式，主要表现在以下两个方面：一是继续出台具有明确行业指向的产业政策，将汽车、机械等列为主导产业发展目标。例如 2004 年颁布的《汽车产业发展政策》明确提出"通过本政策的实施，使我国汽车产业在 2010 年前发展成为国民经济的支柱产业"。二是培育发展战略性新兴产业和加快发展现代服务业。2010 年国务院通过的《国务院关于加快培育和发展战略性新兴产业的决定》把节能环保、新一代信息技术、生物、高端装备制造、新能源、新能源汽车和新材料七大战略性新兴产业作为发展重点。与此同时，功能性产业政策越发受到重视，颁布了具有普惠性的人才支持政策和质量提升政策，从整体上推动了产业升级。

我国产业政策在这一阶段更为明显的特点是产业政策工具更为丰富，原有的计划手段基本取消，代之以财税、信贷、价格等经济手段进行产业调控。例如对部分投资过热行业实行差异电价政策、提高部分行业的固定资产投资项目比例、对特定产品的进口采取税收优惠等。诸如"家电下乡"等从需求端拉动消费的政策开始使用。尽管产业政策实施的工具更加的市场化，但是我国产业政策在这一阶段仍然具有很强的管制性特征，行政色彩仍然比较明显。例如，在审批制向核准制转换的过程中，部分特定行业仍然存在严格的"门槛"，在抑制过剩产业行业发展的过程中，《国务院关于进一步加强淘汰落后产能工作的通知》中再次使用了行政问责机制淘汰地方落后产能。

三、党的十八大以来产业政策的新发展（2013~2018 年）

党的十八大以来，全面深化改革，推进产业结构调整，"转变经济发展方式，促进产业转型升级"成为政府工作的重点。党的十八届三中全会更是提出了"使市场在资源配置中起决定性作用和更好的发挥政府作用"的重大改革部署并在党的十九大报告中予以确认。经济新常态和高质量发展成为我国宏观经济调控的重要背景，产业政策制定和实施更多向市场化、法治化和普惠化转型。

就产业政策目标而言，与《90 年代国家产业政策纲要》确定的以"优化产业结构"的目标相比，这一阶段的产业政策目标更加具体、细化。"构建产业新体系""推动产业迈向中高端水平"成为新时期产业政策的主要目标。与此同时，党的十八届三中全会公报中提出的"清除和废除妨碍全国统一市场和公平竞争的各种规定和做法……"成为我国产业政策向市场化转型的目标。

从产业政策模式看，选择性产业政策依然存在，但功能性产业政策的使用显著增加。一方面，通过选择性产业政策治理产能过剩，行政化干预去产能过程。指向性培育和发展战略性新兴产业，但已经没有明确意义上的主导产业或支柱产业。另一方面，功能性产业政策的使用主要体现在重视知识产权保护、重视质量监管、加强产业发展基础设施建设、重视标准建设和重视教育培训等。这些政策都是服务于提升产业高质量发展的普惠性措施。此外，使产业政策落地实施的政策手段不断丰富，针对不同类型的行业企业创新使用政策工具的使用时机。例如，财政补贴和税收优惠是我国产业发展中重要的支持性政策手段，对于初创期企业，侧重于采用税额式优惠的直接税收优惠手段，而对于发展期的产业则采用税基式优惠的间接式税收优惠手段。注重从供给侧和需求侧同时发力，解决我国新兴产业面临的突出问题，体现了新阶段我国产业政策工具使用的灵活性。

值得一提的是，梳理党的十八大以来的产业政策可以发现，"创新"被放在了相当重要的位置。《国家创新驱动发展战略纲要》《关于大力推进大众创业万众创新若干政策措施的意见》等政策的发布体现了我国产业政策更加注重科技创新以及新型产业在经济发展中的作用。如何更好地发挥产业政策在促进企业技术创新中的作用，成为新时代产业政策研究的新课题，也是本书研究的重点。

第二节 中国战略性新兴产业发展历程及创新支持政策

一、中国战略性新兴产业发展历程

进入 21 世纪，世界范围内新一轮科技革命和产业变革与我国转变经济发展方式实现历史性交汇，新一轮工业革命正在兴起，全球科技进入新的创新密集期，我国进入了经济发展新常态，经济从高速增长转为中高速增长，经济结构不断优化升级，经济从要素驱动、投资驱动向创新驱动转变。培育和发展战略性新兴产业是党中央、国务院着眼于应对国际经济格局和国内未来可持续发展而做出的立足我国国情、着眼长远的重要战略决策。战略性新兴产业是我国未来经济增长、产业转型升级、创新驱动发展的重要着力点。培育发展战略性新兴产业，建成现代化经济体系，抢占未来经济和科技制高点对我国新时代经济实现创新驱动、内生增长、持续发展具有重大的战略意义。党的十八大报告明确提出，推进经济结构战略性调整，加快传统产业转型升级，优化产业结构，促进经济持续健康发展的一个重要举措就是积极推动战略性新兴产业的发展。

近年来，国家有针对性地陆续出台了一系列公共政策支撑战略性新兴产业的培育和发展。2010 年 10 月，为加快转变经济发展方式，促进经济结构的战略性调整，国务院发布了《国务院关于加快培育和发展战略性新兴产业的决定》，确定了战略性新兴产业发展的重点方向、主要任务和扶持政策，我国战略性新兴产业进入快速发展时期。与此同时，我国制定和发布了《中华人民共和国国民经济和社会发展第十二个五年规划纲要》，并从 2011 年开始实施。并提出"以重大技术突破和重大发展需求为基础，促进新兴科技与新兴产业深度融合，在继续做强做大高技术产业基础上，把战略性新兴产业培育发展成为先导性、支柱性产业"的总目标。随后，国务院分别在 2012 年 7 月发布了《"十二五"国家战略性新兴产业发展规划》，在 2016 年 12 月出台了《"十三五"国家战略性新兴产业发展规划》等一系列公共政策支撑战略性新兴产业的培育与发展。

在中央和各级地方政府政策支持下，我国战略性新兴产业发展取得了巨大的进步。《2018 中国战略性新兴产业发展报告》数据显示，"十二五"期间，我国节能环保、新一代信息技术、生物、高端装备制造、新能源、新材料和新能源汽车等战略性新兴产业快速发展。2015 年，战略性新兴产业增加值占国内生产总值比重达 8% 左右，产业创新能力和盈利能力明显提升。新一代信息技术、生物、新能源等领域一批企业进入国际市场第一方阵，高铁、通信、航天装备、核电设备等国际化发展实现突破。一批产值规模千亿元以上的新兴产业集群有力支撑了区域经济的转型升级。大众创业、万众创新蓬勃兴起，战略性新兴产业广泛融合，加快推动了传统产业转型升级，涌现了大批新技术、新产品、新业态、新模式，创造了大量就业岗位，成为稳增长、促改革、调结构、惠民生的有力支撑。

《"十三五"国家战略性新兴产业发展规划》要求到 2020 年，我国战略性新兴产业发展要在产业规模、创新能力和竞争力以及产业结构方面实现突破。具体到企业的技术创新能力，规划要求"创新能力和竞争力明显提高，形成全球产业发展新高地。攻克一批关键核心技术发明专利拥有量平均增速达 15% 以上，建成一批重大产业技术创新平台，产业创新能力跻身世界前列，在若干重要领域形成先发优势，产品质量明显提升，节能环保、新能源、生物等领域新产品和新服务的可及性大幅提升，知识产权保护更加严格，激励创新的政策法规更加健全"。

二、中国战略性新兴产业政策体系和政策措施

（一）战略性新兴产业政策体系

2010 年 9 月，《国务院关于加快培育和发展战略性新兴产业的意见》发布以来，中央和各级地方政府纷纷发布了战略性新兴产业的相关支持政策，以期通过"先发优势"抢占未来经济发展的制高点，推动地方经济顺利实现转型升级。改革开放以来，产业政策模式成为推动我国计划经济向市场经济渐进式转变的重要方式（江飞涛，2018），与产业政策制定与执行相关的机构设置和制度安排也已经相当成熟（陈冬华等，2018）。因此，培育和发展战略性新兴产业成为中央和各级地方政府"十二五"时期产业政策关注的焦点，与之相关的产业政策体系也相当完善和成熟。具体地，从行政层级上看，战略性新兴产业

支持政策主要包括中央政策和地方政策。中央政策是对全国战略性新兴产业发展做出的总体安排或者针对每个行业发展确定的具体支持政策。政策制定单位主要为国务院及与产业发展相关的各部委机构，例如国家发展改革委、科技部、工业和信息化部、财政部等。地方政策主要由地方政府根据区域经济发展特点制定（极少数由部委发布），政策的效力也仅限于本省或政策限定的区域以内，政策方向与中央政策保持一致的基础上兼顾了地方具体情况和发展特点。尽管中央部委和地方省级政府处于相同的行政高度，但是部委制定的产业支持政策能够影响甚至制约省级政府的产业支持政策的制定，但省份之间不存在政策制约机制，可能受到政策的溢出效应的影响。当然，在经济发展迅速、产业门类齐全的东部地区省份，有些地市级政府也会制定本行政区域的战略性新兴产业支持政策。从政策属性上看，国务院负责制定和发布战略性新兴产业发展总体规划以及新能源汽车等七个行业的专项规划。地方政府则负责制定和实施本行政区域内的总体规划和专项规划。国务院各职能部门则依据各自的相关职责制定七个行业相关的具体专项规划和支持政策。

本书以我国"十二五"时期中央和各级政府制定的战略性新兴产业支持政策为例说明我国战略性新兴产业政策体系，其中中央部委列举了国家发展和改革委、科技部与财政部的相关政策。31个省（直辖市、自治区）中以山东省和广东省为例进行了说明。国务院负责制定和发布了《"十二五"战略性新兴产业发展规划》以及"十二五"时期《节能与新能源汽车发展规划》等专项规划，成为指导战略性新兴产业发展的总体政策，各专项规划是各个行业的指导思想。广东省和山东省则根据国务院的总体规划制定和实施了具有本省份特色的《山东省战略性新兴产业发展"十二五"规划》和《广东省战略性新兴产业发展"十二五"规划》。而国家发展改革委、科技部与财政部等国务院职能部门则在职责范围内制定和实施了《关于鼓励和引导民营企业发展战略性新兴产业的实施意见》《电动汽车科技发展"十二五"专项规划》以及《新兴产业创投计划参股创业投资基金管理暂行办法》等具体的支持政策，政策支持手段和方式更加细化，且职能特色明显，例如国家发展改革委聚焦于总体协调政策，科技部专注于科技创新政策，而财政部的政策多与财税资金支持相关。值得一提的是，各部委制定的政策对地方政府制定的支持政策形成约束。同样，在新能源汽车产业发展中，同样遵循了相同的政策制定和实施路径。如此，我国战略性新兴产业支持政策形成了全面的政策体系（见图4-1）。后续，本书将对支持政策的内容进行梳理分析，重点关注我国战略性新兴产业的政策支持工具。

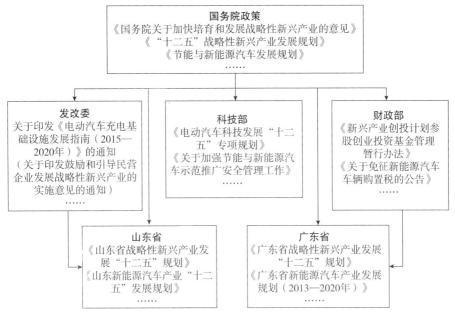

图 4-1 我国战略性新兴产业政策体系

(二) 战略性新兴产业政策支持措施

在行政机制和产业发展机制的推动下，我国战略性新兴产业已然形成了相对完善的政策支持体系，但是具体的支持手段多种多样，既有直接干预政策也有间接干预政策；既有功能性产业政策也有选择性产业政策。江飞涛和李晓萍 (2010) 将中国促进产业结构调整升级和抑制部分产业产能过剩的政策实施手段总结为目录指导、市场准入、项目审批和核准、供地审批、信贷核准和强制性清理等干预性极强的行政手段。随着党的十八大以来我国市场化进程的推进以及党的十八届三中全会确立了市场在资源配置中起决定性作用，我国产业政策工具干预性特征有所减弱，更多采用市场化政策工具保护和扶持产业发展。舒锐 (2013) 指出，政府通过产业政策在保护、促进和扶持特定产业发展时会用到多种多样的政策工具，包括规范市场秩序、营造良好的市场环境、改善产业区域布局等普惠性的政策，也包括税收优惠、低息和长期贷款、贸易保护、研发补贴等引导型的政策工具。各级政府在战略性产业政策制定和实施过程中采用的政策工具延续了我国整体产业政策的发展方向，并在原有的基础上更加优化。

本书对国务院发布的《国务院关于加快培育和发展战略性新兴产业的决定》《"十二五"国家战略性新兴产业发展规划》两个总体性文件以及《生物产业发展规划》《节能环保产业发展规划》和《节能与新能源汽车产业发展规划（2012—2020）》三个专项规划的政策工具进行了梳理，如表4-1所示。

表4-1　我国战略性新兴产业部分政策支持工具

政策名称	政策支持工具
《国务院关于加快培育和发展战略性新兴产业的决定》	实施示范工程、完善标准体系、完善市场准入制度、财政支持、税收激励、人才政策、信贷支持、资本市场融资、创业板和股权投资基金、产业目录指导、统计监测、规划引导
《"十二五"国家战略性新兴产业发展规划》	投资项目评估和审查制度、价格机制、财政支持、能效控制、污染物排放标准、产品标准、税费改革、产品认证标准、产品目录、普遍服务、营造良好环境、政府采购、完善法律法规、产品市场准入审批、完善价格形成机制、示范应用、技术标准和规范、健全认证体系、重大工程
《生物产业发展规划》	完善审查机制和监督机制、完善审批制度、完善行业准入管理、推行行业标准、完善价格形成机制、政府补贴、产业化示范、资源税费改革、技术产品推广、财税激励机制、融资支持、增信服务、知识产权保护、重点人才培养、完善资源保护法律法规
节能环保产业发展规划	电力价格改革、能耗限额、惩罚性电价、公用事业市场化改革、公用事业收费制度改革、项目用地政策、政府补助、财政贴息、财政奖励、节能减排专项资金、税收优惠、合同能源管理、税费改革、金融创新、绿色信贷政策、民营化改革、设立产业投资基金、债券试点、进口关税政策、设备进出口政策、产业技术目录、技术创新平台建设、创新示范园区、完善法律法规、强化监管
节能与新能源汽车产业发展规划（2012—2020）	试点示范、政府补贴、完善标准体系和市场准入管理、财政补贴、税收优惠、示范应用、消费补贴、完善法律法规、完善奖惩政策、人才培养、营造良好发展环境、费用优惠、配额管理、知识产权质押融资、多层次担保体系、创业投资基金

从表4-1可以看出，我国战略性新兴产业政策支持工具种类众多，产业引导方面的政策工具包括目录指导、市场准入限制、规划引导和示范工程等；资金支持方面的政策工具包括财政补贴、税收优惠、信贷支持、设立专项基金等；市场方面的政策工具包括价格形成机制、技术标准与规范、完善法律法规、人才政策等。并且根据各行业特点，采用了适应本行业发展的政策支持工具，例如《生物产业发展规划》中有关加强资源保护、强化生物安全监管的政策；《节能环保产业发展规划》中的惩罚性电价政策；《节能与新能源汽车发展规划（2012—2020）》中实施的限号行驶、牌照额度拍卖和购车配额指标政策。进

一步表明我国针对战略性新兴产业发展的支持政策手段愈加丰富多样，政府制定政策过程更加关注行业自身发展特点，做到产业支持政策与行业发展相适应。

值得一提的是，无论是《国务院关于加快培育和发展战略性新兴产业的意见》还是"十二五"战略性新兴产业的总体规划和专项规划，均将技术创新放在了产业发展的核心位置。促进产业整体发展的政策支持手段也更加倾向于支持企业的技术创新。《国务院关于加快培育和发展战略性新兴产业的决定》中要求产业发展过程中应坚持科技创新和实现产业化相结合，提升自主创新能力。通过推进原始创新、联合技术攻关以及消化吸收再创新，掌握关键核心技术和知识产权。并制定了到2020年实现局部领域关键核心技术达到世界先进水平的目标。相应的政策支持措施也均倾向于支持企业技术创新。例如，产业发展基金和中央财政投入着力支持重大关键技术研发、重大产业创新发展工程、重大创新成果产业化、重大应用示范工程、创新能力建设等；税收激励政策在全面落实现行各项促进科技投入和科技成果转化、支持高技术产业发展等方面的税收政策的基础上更加注重鼓励创新；金融信贷政策则积极推进知识产权质押融资、产业链融资等金融产品创新满足战略性新兴产业的发展。各专项规划更加细化了各产业政策支持技术创新的方式、方法和措施。

尽管总体规划和专项规划以及其他支持政策采用相同或相似的工具，但是政策支持工具的使用名称并不一致，为后续统计叙述的统一性和便利性，本书对政策支持工具名称进行了标准化和统一，将在本章第三节进行详细叙述。

第三节　"十二五"时期战略性新兴产业政策分类和分析

一、战略性新兴产业创新政策分类

产业创新政策是按照创新系统理论的思想，针对国家或区域经济中产业创新绩效的提升，从教育培训、信息化、环境保护、消费者保护、竞争的法律制度、集群提升等多维度、全过程支持产业创新活动开展的政策。根据产业政策所作用的对象不同，可以将产业政策分为环境型政策、供给型政策和需求型政策。

供给型政策，顾名思义，主要为产业创新活动提供动力支持，通过完善公共服务体系、增加资金支持、加强人才培养和加快技术引进等改善技术创新活动的要素供给，进一步促进产业创新活动。其中，完善公共服务主要指政府为技术创新活动提供更为完善的基础设施等公共资源，例如交通、信息等基础服务；资金支持则是针对产业技术创新活动面临的资金约束提供更多的财力资源，例如政府的 R&D 经费、政府性贴息或者政府性基金等。人才培养则是政府通过战略性的人才发展规划，发展与产业发展相适应的教育培训体系等为技术创新活动提供人力资源支持。技术支持则主要是指政府通过技术辅导与咨询来引导产业的技术创新并加强技术基础设施建设，如出资建立研发实验室、建立学习机制促进技术成果扩散、鼓励企业引进国外先进技术等。

环境型政策则是政府通过完善法律法规、实施产权保护、制定相关目标规划等方式为技术创新提供更加良好的政策环境，从而推动产业发展。其中，法律法规是政府通过立法或部门规章的形式优化市场环境、规范市场秩序，例如强化市场监管、保障公平交易的相关法律法规。产权保护是指政府通过颁布或修订与专利权、著作权等相关的法律法规或政策文件，加强对技术创新产权的保护力度，提高企业技术创新的积极性；目标规划是指政府通过对未来产业发展进行战略性规划布局，实现既定发展目标的行为，在我国，典型的目标规划莫过于五年一次的"五年发展规划"和各个领域的专项规划，如《"十二五"国家战略性新兴产业发展规划》。

需求型政策的作用点在产业的需求端，政府通过定向采购、应用示范、财政补贴等方式引导市场需求，从而带动相关产业技术创新活动的开展。其中定向采购是指政府向特定行业主体购买所需物质，产生一定数量的政府需求，降低了相关行业的市场不确定性，进而刺激企业增加技术创新投入，谋求市场中获得更加有利的地位。应用示范是指政府通过政策引导市场进行特定技术、产品或项目的应用展示，提升技术或产品的社会可接受度，从而促进技术创新。财政补贴是政府利用财政资金补贴企业或用户，一方面降低企业创新面临的资金约束，另一方面增加产品的市场需求支持企业技术创新。

二、"十二五"时期战略性新兴产业相关政策分析

本书通过国务院及各部委的官方网站以及各战略性新兴产业技术协会网站，

手工收集整理了"十二五"时期（2011 年 1 月 1 日至 2015 年 12 月 31 日）中央部委颁布的各战略性新兴产业主要相关政策，并对其进行梳理分析。为此，本书从供给型、环境型和需求型三方面对战略性新兴产业相关政策进行分类统计，分析我国"十二五"时期战略性新兴产业的政策支持状况。

（一）主要供给型政策分析

从图 4-2 可以看出，在我国"十二五"时期颁布的所有供给型政策中，技术支持和公共服务方面的政策占比较高。其中节能环保产业和新一代信息技术产业的技术支持措施数量最多，在支持方式、推动民营企业技术创新、鼓励发展战略性新兴产业等方面都有不同程度的推进；在资金支持方面，总体政策和节能环保产业的相关政策数量较多，主要是以项目为依托，重点支持重大生产、研发及产业化、公共平台、示范应用项目，兼顾产业基地、配套设施建设等；在公共服务方面，总体政策和节能环保产业政策相对较多，而新材料产业未有相关政策出台；人才政策方面相关的政策措施明显不足，一方面由于政策工具的操作性不强，另一方面，人才培养是一个长周期过程，与国家教育体系密切相关，产业政策的作用不大。

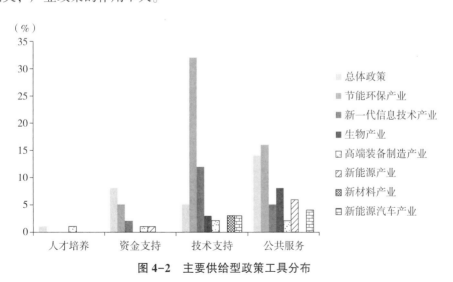

图 4-2　主要供给型政策工具分布

（二）主要环境型政策分析

从图 4-3 可以看出，我国"十二五"时期颁布的环境型政策中，目标规划方面的政策数量最多，其中，节能环保和新一代信息技术产业尤为突出，除了出台各产业细分领域的目标规划外，还出台了一系列指导意见，以促进产业健康有序发展；在金融支持方面，总体政策数量最多，目前主要以配置政策为主，在加强政策性金融对自主创新和产业化的支持力度及营造激励自主创新的金融环境上略显单薄；在法规规范方面，新材料产业和节能环保产业相关政策数量较多，出台了细分领域的准入条件，进一步促进了市场环境的规范化，提高了企业准入门槛，其他产业则以服务型规范政策居多；在产权保护方面，具有可操作性产权保护方面的政策仍较为欠缺；在税收优惠方面，国家对于新能源汽车产业给予的支持力度最大，其他产业相对较少。

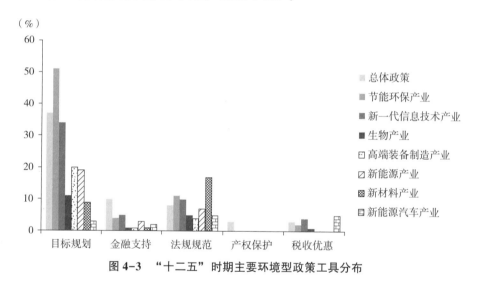

图4-3 "十二五"时期主要环境型政策工具分布

（三）主要需求型政策分析

图4-4列出了"十二五"期间，我国战略性新兴产业需求型政策的数量分布。从图4-4中可以看出，节能环保产业出台的需求型政策最多，其次是总体政策和新一代信息技术产业。其中，应用示范成为最广泛应用的需求型政策工具，用户补贴和政府采购也被部分产业较多地采用，这些需求型政策尝试为政府引导战略性新兴产业发展提供了良好的经验借鉴。

（四）综合分析

自国务院发布《国务院关于加快培育和发展战略性新兴产业的决定》以

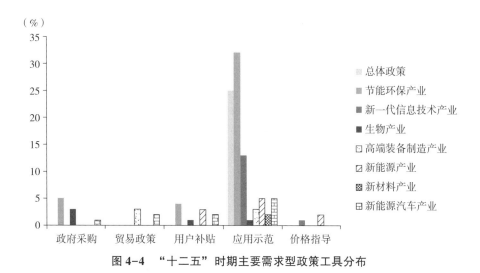

图4-4 "十二五"时期主要需求型政策工具分布

来，我国陆续出台了一系列相关政策和文件支持战略性新兴产业的发展。图4-5列出了整个"十二五"时期各年度战略性新兴产业相关支持政策的发布数量。从图中可以看出，在2012年《"十二五"国家战略性新兴产业发展规划》颁布以后，相关政策密度大大提升。随着产业政策体系不断完善，2013~2015年政策密度呈现出逐年下降的趋势。

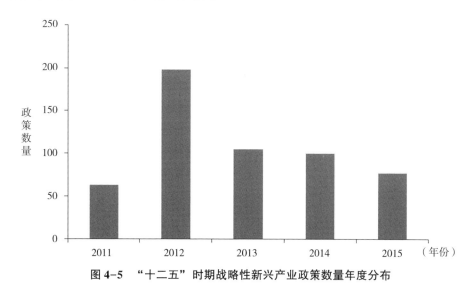

图4-5 "十二五"时期战略性新兴产业政策数量年度分布

据不完全统计①，整个"十二五"时期，国务院及职能部门发布的与战略性新兴产业相关的政策共有 543 项。其中，环境型政策的数量最多，共 296 项，占比 54%；其次为供给型政策工具，共 134 项，占比 25%；需求型政策数量最少，为 113 项，占比 21%（见图 4-6）。

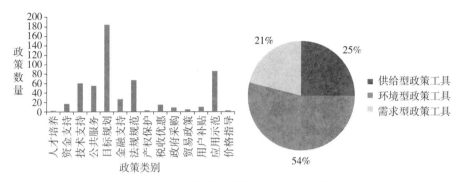

图 4-6 "十二五"时期战略性新兴产业主要政策工具分类

就"十二五"时期战略性新兴产业政策整体来看，中央部委的政策着力点主要在于环境方面，通过统筹规划产业布局、规范市场秩序、改善金融财税条件、鼓励企业创新等方式构建、完善产业生态系统。此外，这一时期供给型政策的推动和需求型政策的拉动相互配合。一方面，政府通过增加战略性新兴产业的人才培养、技术支持、资金支持和公共服务推进产业要素聚集；另一方面，通过培育、拓展新兴市场，引导市场需求，降低市场的不确定性，拉动产业进一步发展。

我们注意到，尽管中央部委和各级地方政府在培育和发展战略性新兴产业方面颁布了一系列的政策支持措施，采用了包括供给型、环境型和需求型相互配合的政策工具，但是，我国战略性新兴产业发展依然面临着突出的问题，出现了核心技术发展不足、部分行业产能过剩、企业骗取国家补贴等问题。因此，我们总结了战略性新兴产业发展过程中在技术创新方面存在的问题，以问题为导向，进一步检验产业政策在支持和促进企业技术创新方面的有效性，以及主要产业政策工具在提升企业技术创新能力方面的优劣比较和搭配使用。

---

① 由于是手工收集，本书只收集了"十二五"时期以国务院、国务院办公厅、国家发展改革委、科技部、工业和信息化部、财政部、国家税务总局等主要政策制定机构发布的有关战略性新兴产业的支持政策。

第四节　中国战略性新兴产业政策反思

自 2009 年国务院提出战略性新兴产业以来，在 2010 年通过了《国务院关于加快培育和发展战略性新兴产业的决定》，并针对七个领域提出发展规划。中央和各地方政府在财政、税收、金融和创新四个领域积极出台大量的支持政策。其中，财政政策包括设立专项资金政策、政府采购政策、财政补贴政策以及财政担保政策；税收政策包括所得税政策、增值税政策、营业税政策和其他税收政策；金融政策则涵盖了信贷支持、设立新兴产业发展基金、设立私募股权投资中心以及发展风险投资基金；创新政策则包括创新平台建设、多渠道协同支持、知识产权保护政策和创新人才培养政策。这些政策根据划分方法的不同，也可以分为供给型政策、环境型政策和需求型政策（见本章第二节）。在这些政策的大力支持下，我国战略性新兴产业得到了长足进步，有力提升了我国自主创新能力，增强了产业国际竞争力。

战略性新兴产业是以重大技术突破和重大发展需求为基础，对经济社会全局具有重大的引领带动作用的产业，具有知识密集度高、资源消耗少、成长潜力大和综合效益好的特点。各级政府出台产业政策大力扶持战略性新兴产业的发展的初衷不仅是看到了战略性新兴产业在转换经济增长动能、实现地区经济结构转型升级方面的巨大作用，同时也是为了弥补新兴产业创新溢出引致的市场失灵，促进企业有效竞争和引导产业技术升级。但是，国内外经验表明，产业政策在推动战略性新兴产业发展的同时，也导致了新兴产业中企业创新不足、资源配置的低效率和社会福利的损失（刘澄等，2011）。多数学者认为是政府干预失当、金融体制不健全所致。一方面，政府对战略性新兴产业的干预仍然沿用原有的"投资拉动 GDP 增长"思维，未将产业培育的重点放在企业技术创新能力和核心竞争力层面（刘洪昌，2011），而是片面地追求产能的扩张，使部分行业陷入产能过剩和创新能力不足的境地。另一方面，商业银行风险规避、政策性扶持不足、风险分散与补偿机制不完善等导致了战略性新兴产业企业尤其是中小企业融资难、融资贵的困境（吕铁和余剑，2012），维持企业生存尚且困难，增加创新投入更是无从谈起。再者，新兴产业的发展具有明显的阶段性特征，不同阶段中主导技术创新的要素不同，且不同产业中技术和市场的关系并不一致，需要根据不同的产业、技术和市场背景及发展阶段，选择不同的政策工具才能实现新兴产业的健康发展（段小华，2012）。

因此，本书以我国战略性新兴产业发展中企业技术创新面临的问题为导向，论证政府扶持战略性新兴产业发展政策在促进企业技术创新产出方面的有效性，同时，考虑所有制、市场竞争等因素对政府产业政策实施的影响。进一步地考察各种政策工具对提升新兴产业企业技术创新效率的作用大小，为政府产业政策工具选择和搭配使用提供实证证据。

第五节　本章小结

将改革开放以来我国产业政策的运用和发展划分为三个阶段，即改革开放至 21 世纪初期（1978～2001 年）的产业政策、强化宏观调控的产业政策（2002～2012 年）和党的十八大以来的产业政策（2013～2018 年）三个阶段，阐述了各阶段我国产业政策的主要目标和政策特点，以及阶段内产业政策需要完成的使命，为后续产业政策的研究做了背景铺垫。我国战略性新兴产业虽然属于第三个阶段，但我国产业政策在前两个阶段的发展对后续产业政策的制定产生了一定的影响。总体而言，我国是世界上使用产业政策最多的国家，产业政策遍布各个产业的各个环节。党的十八大以来的产业政策目标主要是服务于经济高质量发展和转型升级，产业政策模式由选择性产业政策向功能性政策转型，政策工具更加丰富，产业政策制定和实施更多向市场化、法治化和普惠化转型。更为重要的是，"支持技术创新"被放在更加重要的位置。

培育和发展战略性新兴产业对我国未来经济增长、产业转型升级、创新驱动发展具有重要意义，本章重点阐述了我国战略性新兴产业支持政策出台背景，总结了我国战略性新兴产业的政策体系，在行业分类的基础上，进一步梳理了各行业相应的支持工具。然后将"十二五"时期我国战略性新兴产业支持政策工具分为环境型政策、供给型政策和需求型政策，并进行简单的统计描述，为后续实证分析做准备。总体而言，我国战略性新兴产业已经形成了相对完善的政策支持体系。统计显示，现有战略性新兴产业扶持政策主要集中在环境型政策，且以目标规划为主，但与产权保护相关的环境型政策较少，七大行业环境型政策措施分布不均。

　　尽管战略性新兴产业具有广阔的发展前景，并得到中央政府和地方政府的大力支持，但是其发展过程中仍然暴露出众多问题，尤其是技术创新方面，存在诸如核心技术缺失、金融支持不足、政府干预失当等问题。这些问题的出现与战略性新兴产业扶持政策的设计和实施存在一定的关系。本书坚持问题为导向，分析产业政策影响企业技术创新的传导机制和影响效应，为将来战略性新兴产业培育和发展提供政策依据。

第五章
产业政策促进企业技术创新的
理论机制及政策工具选择

第一节　战略性新兴产业政策促进企业
技术创新的理论机制

《国务院关于加快培育和发展战略性新兴产业的决定》中明确指出，"增强自主创新能力是培育和发展战略性新兴产业的中心环节，必须完善以企业为主体、市场为导向、产学研相结合的技术创新体系……突破关键核心技术，加强创新成果产业化，提升产业核心竞争力"。因此，推进企业技术创新是战略性新兴产业政策的出发点。党的十八大报告再次强调了企业在国家技术创新体系中的主体地位，战略性新兴产业大多是新兴产业与新兴科技的深度融合，不仅代表产业发展的方向，更是未来科技创新的重要载体，其创新最终也是依托于产业内企业来实现。根据《"十二五"国家战略性新兴产业发展规划》，战略性新兴产业占 GDP 比重将在 2015 年达到 8%，在 2020 年达到 15%。为此，中央部委和各级地方政府均积极地制定相应扶持政策。但是，受制于战略性新兴产业环境友好和技术创新带来的正外部性，其产业发展收益往往不能独占，其发展过程大多面临高风险性、高沉淀成本等问题，且产业内企业大多面临核心技术缺失和融资难、融资贵的困境，进一步降低了企业技术创新的意愿。因此，战略性新兴产业需要政府的政策扶持。本书中战略性新兴产业政策指国务院发布的《国务院关于加快培育和发展战略性新兴产业的决定》，基于该文件出台了"十二五"时期战略性新兴产业发展的总体规划和专项规划，以及中央部委和地方政府出台了相关支持政策。通过对政策工具的效果的实证研究，反映我国战略性新兴产业政策体系对企业技术创新的影响。

如第四章所述，在国务院发布了《国务院关于加快培育和发展战略性新兴产业的决定》之后，为了配合中央产业政策的实施，中央和各级地方政府支持战略性新兴产业发展的政策多种多样，但无论是供给型政策还是环境型政策，抑或是需求型政策，均需要一定的政策工具加以落地实施。最为常用的政策工具包括目录指导、市场准入、项目审批和核准、财政补贴、低息贷款和信用担保、税收优惠等。目录指导和市场准入这种行政干预手段以及法规规范等环境型政策可以直接影响企业进入和退出某一行业领域的门槛，从而改变产业内企业竞争水平，市场竞争状况的改变进而影响企业的研发投入和激励。《"十二五"国家战略性新兴产业发展规划》中针对生物医学工程产业明确提出"完善产品市场准入审批程序、定价收费标准"。除了直接的行政干预，政府也会通过财政补贴、税收优惠和金融政策影响战略性新兴产业企业的技术创新决策和水平。一方面，财政补贴能够通过财政贴息、研发补贴等降低企业技术创新中面临的融资约束，税收优惠政策则可以通过设备加速折旧、研发费用加计扣除等手段影响企业的技术创新活动。另一方面，银行信贷政策、资本市场融资功能的便利程度和再融资政策等直接或间接影响企业技术创新的决策和水平。

本书研究的产业政策是政府为保护、促进和扶持战略性新兴产业发展而制定的政策，进而分析这些政策在促进企业技术创新方面的有效性和比较政策工具在提升企业技术创新效率方面的优劣。因此，覆盖大多数行业的指导性政策不在本书研究的范围以内。若政府实行的产业政策覆盖全部七个大类行业，那么它对某一行业偏离全行业平均水平的部分才是我们所要考察的内容。因此，规范市场秩序、营造良好的市场环境、产业区域布局以及宏观经济政策中的一些难以量化到具体产业的政策，如货币政策、部分财政政策都不在本书研究范围之内。税收优惠、低息或长期贷款、政府补贴以及环境型政策带来的市场竞争水平的改变才是本书希望关注的产业政策工具。

但是，战略性新兴产业政策对企业技术创新的影响存在促进和抑制两个方面的效应。一方面，政府补贴、税收优惠和金融支持能够降低企业面临的融资约束，分散企业风险，吸引更多外部资源支持产业发展，直接或间接影响企业创新投入或创新积极性，促进企业技术创新。同时，放松管制、减少审批限制以及各项支持措施会增加行业竞争，进一步激励企业技术创新。另一方面，政府产业政策干预失当、补贴机制的僵化以及金融抑制等会削弱激励效果，弱化企业技术创新活动。但是政府出台战略性新兴产业的支持政策的意图是为了促进企业创新，因此，为进一步检验和确定战略性新兴产业政策的有效性，本节提出理论假设：产业政策能够促进企业技术创新。

第二节　产业政策促进企业技术创新的政策工具

一、市场竞争

市场失灵和保护幼稚产业是政府对战略性新兴产业实施政策干预的理论依据，然而，政府干预应以有利于市场机制的有效运行为准则，不能阻碍或限制市场有效竞争，更不能完全替代市场机制（余东华和吕逸楠，2015）。党的十八届三中全会提出"市场在资源配置中起决定性作用和更好的发挥政府的作用"，在支持我国战略性新兴产业发展过程中，政府通过完善部分产业的投资项目审批和市场准入政策，改善了市场结构，鼓励市场有效竞争，对企业技术创新具有一定的激励作用。

市场结构是指一个行业内买方和卖方的数量及其规模分布、产品差别程度和新企业进入该行业的难易程度的综合状态。因此，对于尚处于萌芽阶段的战略性新兴产业来说，产业的市场结构反映了产业发展阶段的演化进程，对于考察产业发展绩效具有重要的意义。根据市场结构的定义，其市场结构主要指企业研发支出的分布和企业进入或退出研发的难易。由于政府的产业政策在战略性新兴产业发展过程中起到了重要作用，政策通过对 R&D 进行补贴而作用于对企业研发支出的分布，并致力于打破战略性新兴产业的研发壁垒，进而影响到战略性新兴产业的市场结构。

熊彼特认为垄断是技术创新的先决条件，垄断利润为企业未来的技术创新提供了资金来源。而阿罗（Arrow）认为完全竞争比垄断更有利于技术创新，因为企业要想在竞争市场中继续生存，获得超额利润，必须不断进行创新。我国学者也认为增进市场竞争的产业政策能够对企业创新产生有效激励（余明桂等，2016；孟庆玺，2017）。因此，本书认为我国支持战略性新兴产业发展的产业政策中，放松管制、减少政府干预以及增进竞争的政策能够促进企业技术创新。

二、政府补贴

政府补贴是政府支持战略性新兴产业发展的重要工具之一，也是学者们研究产业政策效应的重点。宏观意义上的政府补贴包含了税收优惠政策，在本书的研究中，政府补贴指政府以财政资金方式直接补贴企业研发生产或市场补贴的政策。在我国各级政府发布的战略性新兴产业有关的支持政策中，政府财政补贴的形式多种多样，包括研发补贴、人才补助、价格补贴、成果转化或产业化补贴、贷款贴息和消费补贴等。例如，目前我国现行的新能源汽车补贴政策为四部委于2018年2月发布的《关于调整完善新能源汽车推广应用财政补贴政策的通知》，其中，在新能源乘用车方面，纯电动乘用车按照不同续驶里程给予0~5万元不等的财政补贴。而2018年光伏发电的分布式电价补贴标准为每千瓦时0.37元（含税）。

战略性新兴产业创新投入的不确定性、研发过程的风险性和研发成果的公共性决定了其对政府扶持具有较大的依赖性。政府补贴作为政策工具之一对企业技术创新活动存在着促进和抑制两方面的作用。一方面，政府补贴可以通过资源配置作用促进企业的技术创新。财政资金以研发补贴和成果转化或产业化补贴的方式直接作用于企业技术创新的各个阶段，补充了企业创新资源，降低了企业技术创新面临的融资约束；同时，人才补贴和贷款贴息等财政补贴资金通过引导技术创新所需资源的流动，分散了企业技术创新风险，间接促进了企业创新。另一方面，政府补贴还具有信号传递作用。信号理论认为，政府补贴可以向外部投资者传递企业被认可的信号，从而吸引外部投资投向企业。尤其在中国经济转型发展时期，司法体系、知识产权保护体系都尚不完善，来自政府的资金支持代表了未来行业的发展方向，同时也间接反映了企业与政府之间保持了良好的关系，能够消除信息不对称带来的投资恐惧，帮助外部投资者向企业提供更多的外部投资和创新资源，从而提升企业技术创新的绩效（杨洋等，2015）。

但是，有学者的研究认为政府补贴可能挤出企业自身的研发投入，产生替代效应进而一定程度上阻碍企业的创新行为。甚至部分企业为了得到产业政策的支持，出现了"寻扶持"的"策略性创新"，其专利产出只是表现为非发明专利的增加（黎文靖和郑曼妮，2016）。在实践中，政府补贴采用的事前补贴、"一刀切"等方式扭曲了企业的投资行为，破坏了创新环境，缺乏对企业的创新激励和事后监督，使企业偏好于成本低、风险小、收益低的低附加值产品，导致了光伏产业的无序竞争和产能过剩（余东华和吕逸楠，2015）。因此，本书进一步检验政府补贴对企业技术创新的有效性，能够更清晰地认识战略性新兴产业财政补贴手段的作用。

三、税收优惠

《国务院关于加快培育和发展战略性新兴产业的决定》中明确要求各级政府要研究完善鼓励创新、引导投资和消费的税收支持政策。各地方政府也都相继出台了本地的战略性新兴产业发展规划，其中都明确强调要推出针对性的税收支持政策。税收优惠是政府将企业本应上缴的资金无偿让渡给企业使用，主要包括优惠税率、税收抵免和税前扣除三种方式。具体地，促进战略性新兴产业发展的税收优惠政策包括一般税收优惠政策和针对具体产业的税收优惠政策。"十二五"期间一般性税收优惠政策如表5-1所示，集中在企业所得税、个人所得税、增值税和关税等领域，对所有的战略性新兴产业适用。而针对战略性新兴产业具体行业的税收优惠政策如表5-2所示，与一般性税收政策直接支持技术创新不同，针对具体产业的税收优惠政策侧重保护、扶持产业发展。比如为了扶持节能环保产业的发展，对污水处理劳务免征增值税，对工业废气、煤炭开采舍弃物等符合规定要求的生产垃圾进行综合再利用的自产货物实行即征即退的税收优惠；为了促进新能源产业的发展，对利用风力生产的电力实行增值税即征即退50%的政策等。需要特别说明的是，我国已于2016年5月1日起，全面实施营业税改征增值税政策，营业税现已不是我国的征税税种。但是本书研究的是"十二五"期间的战略性新兴产业政策的有效性，因此将期间营业税政策在表5-1中进行了列示，但不是本书研究的重点。

表 5-1 战略性新兴产业一般性税收优惠政策

税收优惠税种	优惠方式	税收优惠政策
企业所得税	税前减免	第一，为开发新技术、产品、工艺发生的研发费，没有计入当期损益的，在据实扣除的基础上，按总额的 50% 加计扣除；构成无形资产的，按无形资产成本的 150% 进行摊销。第二，鼓励科技投入方面：①出于技术进步等原因，企业符合条件的固定资产可以缩短折旧年限或者采用加速折旧的方法；②创投企业采取股权投资方式投资于未上市的中小高新技术企业两年以上的，可以按其投资额的 70% 在股权持有满两年的当年进行应纳税所得额的税前抵扣，当年不足抵扣的，可以在以后纳税年度结转抵扣
	税额减免	①企业购置并使用符合规定的节能环保等专用设备的，该设备的投资额的 10% 可以从企业当年的应纳所得税额中抵免，当年不足抵免的，可以在以后五个纳税年度结转抵免。②一个纳税年度内，企业技术转让所得没有超过 500 万元的部分，免征企业所得税；超过 500 万元的部分，减半征收企业所得税
	税率优惠	符合规定的高新技术企业，减按 15% 的税率征收企业所得税
个人所得税	税额减免	①科研所、高校转化职务科技成果获得的个人奖励，在取得股份时暂不缴纳个人所得税；②对个人获得的符合规定的奖金、技术成果奖金，免征个人所得税
增值税	税额减免	直接用于科学研究、试验的进口仪器设备免征进口环节增值税
	税率优惠	音像制品、电子出版物实行 13% 的税率
营业税	税额减免	对单位和个人的技术转让收入免征营业税
关税	税额减免	直接用于科学研究、试验进口的仪器设备免征关税
车船使用税	税额减免	2012 年 1 月 1 日起，使用新能源车辆免征车船使用税

资料来源：根据国家税务总局相关政策文件自行整理。

表 5-2 战略性新兴产业部分行业税收优惠政策

战略性新兴产业	税收优惠政策
节能环保产业	①企业从事符合条件的节能环保项目的所得，自项目取得第一笔生产经营收入所属纳税年度起，享受企业所得税"三免三减半"优惠；②企业综合利用资源，以国家规定的资源为主要原材料取得的收入减按 90% 计入收入总额；③对节能服务公司符合条件的资产免征增值税，符合条件的收入免征营业税；④对利用垃圾生产的电力、热力实行增值税即征即退

续表

战略性新兴产业	税收优惠政策
新一代信息技术产业	第一，集成电路生产企业：①线宽小于 0.8 微米（含）的企业，在 2017 年 12 月 31 日前自获利年度起，享受企业所得税"二免三减半"优惠；②线宽小于 0.25 微米或投资额超过 80 亿元的企业，减按 15% 的税率征收企业所得税，其中经营期在 15 年以上的，在 2017 年 12 月 31 日前自获利年度起，享受企业所得税"五免五减半"优惠。第二，集成电路设计企业和软件企业：①我国境内新办的集成电路设计企业和符合条件的软件企业，经认定后，在 2017 年 12 月 31 日前自获利年度起，享受企业所得税"二免三减半"优惠；②重点软件企业和集成电路设计企业，如当年未享受免税优惠的，可减按 10% 的税率征收企业所得税；③集成电路设计企业和符合条件软件企业的职工培训费用，应单独进行核算并按实际发生额在计算应纳税所得额时扣除
生物产业	对纳税人销售自产的符合条件的生物制品享受 6% 的增值税率
高端装备制造业	对航空航天船舶工业总公司所属的军品科研生产用厂房等免征城镇使用税
新能源产业	①利用风力生产的电力实行增值税即征即退 50%；②对企业从事风力、海洋能、太阳能、地热等发电所得，享受企业所得税"三免三减半"优惠

资料来源：根据国家税务总局有关文件自行整理。

由上述资料可以看出，税收优惠政策可以从以下几个方面降低企业的研发成本，促进企业技术创新投入：一是税收优惠政策会通过所得税减免、设备加速折旧、研发费用的加计扣除等直接激励企业增加研发投入。二是新兴产业企业的研发过程多属于资本密集型的研发模式，许多高精尖设备依赖于国外进口，设备的买价中包含了上游企业的增值税和入关的关税而不能转嫁出去，直接增加了企业的研发成本。因此，增值税和关税对科学研究设备引进的税额减免降低了企业的研发成本，提高了增加技术创新投入的积极性。三是创新型人才对战略性新兴产业技术创新至关重要，个人所得税的制度设计增加了高端人才的税后收益，吸引更多高端人才进入战略性新兴产业参与技术研发。四是税收优惠政策不仅会直接降低企业创新活动的边际成本，而且能减少创新活动过程中的现金流出量，促使企业不断积累内部资金，提高创新活动的内源融资能力。企业内部现金的增加会帮助企业抓住更好的创新项目，使企业能够更好地在市场上与对手展开竞争。

四、金融支持

根据新熊彼特理论，金融市场是新兴产业持续快速发展的重要支撑，它能够为新兴产业的发展提供资金支持和风险控制工具。为实现战略性新兴产业的快速发展，自 2009 年以来，我国出台的众多产业支持政策中对金融支持措施有较多涉及，从间接融资领域的金融机构信贷支持到直接融资领域的资本市场融资，再到新兴机制的创业投资和股权投资基金等，均做了专门的阐述（吕铁和余剑，2012）。但是，企业技术创新在呼唤金融市场支持的同时，金融市场对战略性新兴产业企业技术创新却具有促进和抑制两方面的作用。

战略性新兴产业企业技术创新具有外溢性和高风险性的特征，导致企业面临研发经费不足、资源配置效率低下，资金问题成为制约我国战略性新兴产业企业技术创新的主要因素（梁琳，2017）。金融体系支持企业技术创新主要通过融资支持机制、信息引导机制、风险分散机制和激励约束机制实现。一是企业技术创新是一个复杂的过程，需要经过基础投入、中间转化和成果产业化三个阶段（白云朴和惠宁，2013）。各个阶段都需要大量的资金支持，银行等金融机构成为企业获得融资的主要渠道。陈冬华等（2010）的研究发现，受到产业政策支持的行业的 IPO 融资金额、股权再融资机会和长期贷款都显著高于其他行业。二是技术创新的资金供给不足，一部分原因在于技术创新的复杂性带来的信息不对称，使投资者无法完全基于自身知识的掌握和理解做出对企业技术投资的决策，从而增加了企业获得外部融资的难度，降低了技术创新的投入产出效率和整体效益水平。金融机构对企业技术创新的支持是经过周密仔细的调研和评估做出的决策，通过与外部投资者的信息共享，降低了信息的收集难度和处理成本，具有明显的信息引导作用，间接帮助企业获得了更多的资金支持。三是企业技术创新作为一个专业化的复杂过程，具有极大的不确定性。往往技术创新的专业化程度越高，风险越大。这与多数投资者风险厌恶的偏好背道而驰，进而导致融资困难，越是核心技术的研发资金缺口越大。金融体系本身具有风险化解的功能，金融机构通过投资于多种不同标的的资产、不同期限和不同收益率特征的投资组合实现风险分散的目的。例如，2009 年我国开始实施的新兴产业创投计划，采取中央财政参股创业投资基金方式，投资早中期、初创期创新型中小企业，旨在分担创新创业风险，增强创新创业投资者的信心。国家发改委提供的数据显示，截至 2014 年底，国家发改委、财政部联合启动实施的"新兴产业创投计划"在全国共支持组建创业投资基金213只，总规模达574亿元，重点投向新一代信息技术、生物、节能环保、新材料等领域初创期、早中期的创新型企业。四是金融机构为企业技术创新提供资金支持，是企业的所有者之一，能够参与企业的公司治理并起到监督制约作用，防止技术创新资金被挪作他用，做到专款专用和足额投入。尤其是2016年发布的《关于支持银行业金融机构加大创新力度开展科创企业投贷联动试点的指导意见》，为金融机构参与企业公司治理提供了政策支持和路径指导。这种方式下，金融体系为技术创新提供了激励和约束机制。

美国经济学家麦金农在其著作《经济发展中的货币和资本》中最早提出了金融抑制的概念，这是指发展中国家由于金融体系不完善、金融市场机制不健全或金融运行中存在过多的金融管制措施而导致金融发展滞后于经济发展甚至拖累经济增长的状态。我国作为世界上最大的发展中国家，金融抑制现象较为常见，主要表现为金融市场价格扭曲和金融市场产品供给不足。一方面，金融抑制导致的金融市场价格扭曲表现为官方利率低于正常市场出清水平，进而导致资金整体供给不足。我国以国有商业银行为主体的银行体系使不同所有制企业的融资成本不同。战略性新兴产业由于研发资金投入回报周期长，在面临融资约束时，研发企业倾向于先使用可得资金满足企业运营需要。孙早和肖利平（2016）的研究认为，内部融资对战略性新兴产业上市企业自主创新有显著的正面效应，而债权融资却具有抑制作用。另一方面，尽管我国已经建立起了多层次资本市场，但是，与战略性新兴产业发展需求相比，其发展相对滞后，无法满足处于创业阶段的科技型中小企业的融资需求，阻碍了企业的技术创新活动。

第三节　本章小结

政府出台产业政策支持战略性新兴产业发展，主要基于产业自身的特点，一方面为保护幼稚产业，抢占未来经济和科技发展的制高点。另一方面是战略性新兴产业的技术创新具有外溢性和高风险性特征，导致了产业内企业存在创新投入不足和较大的融资约束，限制了企业技术创新水平的提升，需要政府产业政策的大力扶持。

政府支持战略性新兴产业技术创新的政策工具主要包括市场竞争、政府补贴、税收优惠和金融支持等。其中，市场竞争主要通过企业营商环境、放宽市场准入等增强市场竞争的方式激励企业增强自身技术创新能力；政府补贴则通过研发补贴、人才补助、价格补贴、成果转化或产业化补贴、贷款贴息和消费补贴等方式通过降低企业面临的资金约束为企业技术创新提供支持；税收优惠则通过优惠税率、税收抵免和税前扣除三种方式增加企业利润留存比例，激励企业增加创新投入；而金融市场对战略性新兴产业的支撑则体现为企业直接融资和间接融资的便利性和可得性，通过降低企业面临的融资约束促进企业创新。理论上各项产业政策工具都能够促进企业的技术创新，但由于技术创新和政策执行机制的复杂性，产业政策执行效果有待进一步检验。

第六章
战略性新兴产业政策促进企业创新的有效性研究
——实证检验

第一节 战略性新兴产业政策有效性检验

一、模型设定及变量选择

(一) 模型设定

本书主要研究战略性新兴产业政策对企业技术创新的影响，在研究方法上，本书借鉴了孟庆玺等（2016）和范子英等（2016）的双重差分模型的建模思路。变量选取则参考了余明桂等（2016）和黎文靖等（2016）在研究产业政策与企业技术创新时的做法。考虑到本书研究的特点，我们增加了企业资产收益率、企业成长性水平等控制变量。为了解决被解释变量和解释变量之间存在的内生性问题，本书构建了以创新产出为被解释变量，对政策变更进行控制的DID模型。具体的计量模型如下：

$$RD_{i,t} = \beta_0 + \beta_1 policy + \beta_2 treat + \beta_3 policy * treat + \sum Control + \varepsilon_{i,t} \quad (6-1)$$

其中，i 和 t 分别代表企业和年份，$RD_{i,t}$ 为企业研发产出或研发投入，本书中衡量研发产出的指标包括 lnpatent、lnfpatent、lninvent、lnfinvent 四个变量，并使用 rdrate 衡量企业研发投入；treat 取值为 1 时代表实验组，指企业受到战略性新兴产业支持，否则取值为 0，代表不受战略性新兴产业支持的企业；policy 表示政策冲击，2011 年及其以前的年份为 0，2012 年及其以后的年份取值为 1；control 代表其他控制变量，本书中主要包括企业规模（size）、企业年龄（age）、企业资产负债率（alratio）、企业产权性质（type）、资产收益率（roa）、现金流量（cash）和企业成长性（growth）。在上面的模型中本书主要关注的交乘项系数是 β_3，它衡量了战略性新兴产业政策对企业技术创新的影响。根据双重差分的设计思想，上述模型中 β_0 为常数项，β_1 代表了政策变更对企业技术创新水平的影响，β_2 表明政策扶持对企业技术创新的影响，而 β_3 代表了产业政策扶持对战略性新兴产业技术创新的影响，本书关注的是 β_3 的显著性。

（二）变量选择

1. 企业技术创新

企业技术创新主要通过创新产出和创新投入来衡量。研发经费和研发人员是当前企业技术创新中最重要的投入，由于 2009~2014 年上市公司年报中研发人员披露较少，且统计口径不统一，相比而言，研发经费支出数据更加全面，也更为稳定，因此本书参考李汇东等（2013）的做法，使用研发费用占主营业务收入的比重衡量企业的研发强度。但 Cornaggia（2015）指出，由于创新的不确定性和高风险性，使用创新投入作为衡量企业技术创新水平存在不足，创新产出更能够体现企业技术创新的能力。根据现有文献，创新产出有以下两种衡量方法：一是以最终企业开发新产品的销售收入作为创新产出；二是以企业专利申请量或授权量作为创新产出。第一种方式包含了企业内部从研发到技术创新产业化的完整链条，更为全面地衡量了企业技术创新的产出能力。但是，当前我国上市公司公开披露的信息中，不包含新产品销售收入项。相比而言，企业专利申请量和授权量更容易获得，数据准确性和完整性更好。与专利授权量相比，专利申请量更能够体现企业为推进技术创新做出的努力程度，因此，本书以专利申请数量来衡量企业的创新产出。根据《中华人民共和国专利法》规定，专利分为发明专利、实用新型专利和外观设计专利。其中，实用新型专利和外观设计专利获得较容易，技术要求相对较低，含金量小，而发明专利是对产品、方法或者流程所提出的新技术方案，获得难度较大、技术要求较高，更能代表企业的创新能力。为更全面地衡量企业创新水平，我们参考黎文靖等（2016）的做法，分别采用上市公司所有专利申请数量（patent）和发明专利申请数量（invent）加 1 的自然对数作为技术创新的代理变量，以区分产业政策对不同质量创新的激励作用。

2. 产业政策变量

本书主要研究战略性新兴产业规划及其支持政策对企业技术创新的影响，因此，根据《国务院关于加快培育和发展战略性新兴产业的决定》和《"十二五"国家战略性新兴产业发展规划》中所认定的高端装备制造、新能源、新一代信息技术、节能环保、生物、新材料和新能源汽车七个行业的上市公司作为受政策支持的企业，而不在这些行业范围内的上市公司则不属于政策支持行业。本书还参考了国家信息中心发布的战略性新兴产业上市公司运行情况分析中采用的上市公司名单。与直接采用政策工具代表产业政策不同，本书设置虚拟变量 policy 和 treat，policy 表示《"十二五"国家战略性新兴产业发展规划》的出台，即外部政策冲击事件，2012 年以前取 0，2012 年及以后取 1；treat 用来区分实验组和控制组，如果某企业属于战略性新兴产业支持的行业（七大类产业），则 treat 取 1，为实验组；如果某企业不属于战略性新兴产业支持的范围，则 treat 取 0，即作为参照的控制组。

3. 其他变量

为了能够更好地测度战略性新兴产业政策对企业技术创新的影响效应，本书进一步控制了其他可能影响企业技术创新的变量。其中，公司层面的变量主要包括：公司规模（size），以公司资产总额的自然对数表示；资产收益率（roa），以企业年度净利润与总资产的比率表示；用公司成立时间表示企业年龄（age）；以公司总负债和总资产的比率表示企业资产负债率（alrate）；以企业现金流量净额与总资产的比率代表企业现金流（cash）；以企业年度利润总额与主营业务收入的比率代表企业市场势力（pcm）。关于政策工具，本书检验了政府补贴（sub）、税收优惠（taxrate）和金融支持（lloan）三种政策，具体数据处理在后续检验中说明。此外，本书还增加了年度虚拟变量 yeard 和行业虚拟变量 industry。为了更清晰地展示本书采用的主要变量及其处理方法，笔者整理了变量说明，如表 6-1 所示。

表 6-1　变量说明

变量	中文解释	处理方法
lnpatent	专利申请量	创新产出衡量指标，包括发明、实用新型和外观设计三种专利年度申请数量加 1 的自然对数值

变量	中文解释	处理方法
lnfpatent	滞后一期专利申请量	创新产出衡量指标，滞后一期三种专利申请量加1的自然对数值
lninvent	发明专利申请量	包含质量的创新产出衡量指标，年度发明专利申请量加1的自然对数值
lnfinvent	滞后一期发明专利申请量	包含质量的创新产出衡量指标，滞后一期发明专利申请量加1的自然对数值
rdrate	研发强度	衡量企业研发经费支出情况，用年度研发经费支出/企业资产总额
policy	政策变更	指战略性新兴产业出台支持政策的冲击，2012年之前为0，2012年及以后为1
treat	实验组/控制组	用来区分实验组和控制组，受战略性新兴产业政策支持的企业取值1，否则为0
sub	政府补贴	企业年度接受政府补贴占主营业务收入的比重
taxrate	实际税率	企业实际所得税税率，根据实际税率=（所得税费用–递延所得税费用）/（调整的税前会计利润–递延所得税费用/名义税率）得到
lloan	长期借款增量	企业长期借款增量，采用年度长期借款金额–上一年度长期借款金额
pcm	市场势力	企业市场势力，用息税前利润/主营业务收入
size	企业规模	企业规模，公司期末总资产的自然对数
type	所有制类型	企业产权性质，最终控制人性质为国有时取值为1，否则为0
age	企业年龄	企业成立年限，当年–成立时间+1
alratio	资产负债率	衡量企业资本结构，总负债/总资产
roa	资产收益率	盈利能力，净利润/总资产
cash	现金流量	现金流，经营活动产生的现金流量净额/期初总资产
growth	企业成长性	企业成长性=（营业收入–上年营业收入）/当年营业收入

资料来源：笔者自制。

二、数据来源及描述性统计

（一）样本选择和数据来源

本书以《"十二五"国家战略性新兴产业发展规划》发布前后作为研究期间，由于上市公司研发费用自2007年开始披露，且2008年数据缺失值较多。

因此，本书选取 2009~2014 年我国上市公司作为分析样本，并对数据做如下处理：①实验组作为受政策影响的战略性新兴产业企业，来自国家信息中心统计采用的《战略性新兴产业上市公司名录》。由于本书研究产业政策对企业技术创新的影响，对照组来自制造业上市公司。②为保证政策变更前后样本公司的可比性，删除 2011 年及以后年份成立的公司。③剔除变量缺失、ST 类和 PT 类上市公司，并对公司层面的连续变量进行 1% 水平的极端值缩尾（Winsorize）处理，最终得到 8334 个上市公司样本数据。通过国家知识产权局获得了上市公司的发明、外观设计和实用新型三种专利数量。上市公司财务数据来自 Wind 数据库和国泰安数据库，科技人员数量和公司实际税率取自锐思数据库。对于政府补贴和实际税率两个变量的少量缺失值，本书采用样本均值予以替换。统计分析软件采用 Stata14.1。

关于政策变更年份的确定，基于以下两个方面的考虑，本书选择 2012 年作为政策变更年：其一，战略性新兴产业大规模的政府支持措施是在 2012 年《"十二五"国家战略性新兴产业发展规划》发布之后才开始实施。其二，《国务院关于加快培育和发展战略性新兴产业的决定》于 2010 年 10 月发布，部分地方政府为抓住产业发展机遇，先于国家"十二五"规划出台政策支持措施，加之政策发布到落实有一定时间的滞后，因此选择 2012 年作为政策变更年份较为合理。

（二）描述性统计

表 6-2 列出了本书主要变量的描述性统计。样本中三种专利自然对数的平均值为 2.9954，最小值为 0，最大值为 8.9975，标准差为 1.5581；而发明专利自然对数的平均值为 1.7072，最小值为 0，最大值为 7.7553，标准差为 1.2364，这说明不同企业三种专利的数量差异非常大，而且专利质量也存在较大的差异。研发强度（rdrate）的均值为 0.016，表明样本中企业研发投入占主要业务收入的平均比重仅为 1.6%，企业自身的研发经费投入处较低水平。受战略性新兴产业支持的企业的均值为 0.5169，表明样本企业中 51.69% 的企业处于产业政策鼓励的行业中，说明战略性新兴产业政策覆盖的范围较广，是中央政府进行产业调整的重要手段。企业产权性质的均值为 0.3441，说明样本企业中 34.41% 的企业为国有企业。样本企业资产负债率均值为 40.6995，而最大值为 299.177，标准差为 21.4684，说明企业之间资产负债率水平差异较大。企业资产收益率均值为 0.0562，说明样本企业平均资产收益率水平为 5.62%，处

于较低水平。而企业营业收入增长率（成长性）均值为 0.1816，说明样本企业营业收入的平均增速为 18.16%，处于相对较快的发展水平。

表 6-2　主要变量描述性统计

变量	观测值	平均值	标准差	最小值	p25	中位数	p75	最大值
lnfpatent	8334	3.2836	1.5021	0.0000	2.3026	3.2958	4.2341	9.2013
lnpatent	8334	2.9954	1.5581	0.0000	1.9459	2.9957	4.0254	8.9975
lnfinvent	8334	1.9449	1.2631	0.0000	1.0986	1.7918	2.7081	7.9135
lninvent	8334	1.7072	1.2364	0.0000	0.6931	1.6094	2.3979	7.7553
rdrate	8334	0.0160	0.0206	0.0000	0.0000	0.0120	0.0240	0.4797
treat	8334	0.5169	0.4997	0.0000	0.0000	1.0000	1.0000	1.0000
type	8334	0.3441	0.4751	0.0000	0.0000	0.0000	1.0000	1.0000
size	8334	21.4882	1.2316	17.7467	20.6897	21.3682	22.1536	26.7512
alratio	8334	40.6995	21.4684	0.7521	23.9506	40.1573	56.3044	299.1770
roa	8334	0.0562	0.0776	−2.5551	0.0208	0.0493	0.0849	1.1261
growth	8334	0.1816	0.3428	−0.9750	0.0080	0.1415	0.3005	7.2923
cash	8334	0.0679	0.1566	−1.2483	0.0078	0.0551	0.1150	8.6681
age	8334	19.6220	4.4850	10.0000	16.0000	19.0000	23.0000	39.0000

资料来源：笔者根据 Stata 数据输出整理，其中 P25 和 P75 分别表示 1/4 分位数和 3/4 分位数的值。

三、实证结果及分析

（一）差异性检验

为了准确识别战略性新兴产业政策对企业技术创新的影响机制，排除其他因素对实证结果的干扰，本书采用《国务院关于加快培育和发展战略性新兴产业的决定》和《"十二五"国家战略性新兴产业发展规划》这两项重大政策变更导致的产业政策支持方向和支持力度的变化这一外生准自然实验，利用双重差分模型测度产业政策对企业技术创新投入和创新产出的影响效应。但是采用双重差分方法检验政策有效性的前提具有严格的限制条件，陈林和伍海军（2015）指出需要满足以下两个条件：一是随机性假设，即通过事件的随机化排除那些无法控制因素的影响，从而控制所有可能影响实验结果的无关因素；二是平行趋势假设，即实验组和控制组样本除政策冲击不同外，其余各方面都应达到近乎相等或完全相似的程度。本书研究的《国务院关于加快培育和发展战略性新兴产业的决定》和《"十二五"国家战略性新兴产业发展规划》是中央政府针对战略性新兴产业出台的相关支持政策，"是政府履行经济调节、市场监管、社会管理和公共服务职责的重要依据"，因此政策对企业的影响是外生的，图6-1展示了政策变更前后，样本企业的专利总量、发明专利数量和研发强度的变化趋势比较。从图中可以看出，政策变更之后，样本企业的专利总量、发明专利数量和研发强度呈现出不同的变化趋势，表明本书采用DID检验产业政策扶持与企业技术创新之间关系具有一定的合理性。

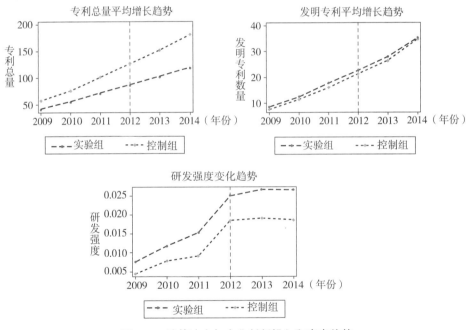

图6-1　政策冲击与企业创新投入和产出趋势

资料来源：笔者利用Stata软件自行绘制。

需要说明的是，企业技术创新关注的是创新投入和创新产出及其变动，因此，制造业企业是本书研究的重点。但是，在战略性新兴产业上市公司中，也包含了部分非制造业企业，主要集中在节能环保、信息技术和新能源行业，但占比非常小。因此，为更好地突出企业的技术创新特征，本书控制组企业全部来自 A 股制造业上市公司。这种选择也造成了图 6-1 中实验组和控制组在政策变更前后专利总量、发明专利数量和研发强度存在趋势变化但没有大幅增加或减少。

表 6-3 列出了整个样本期间以及政策出台前后（2011 年之前及 2012 年以后）受产业政策扶持的企业和未受产业政策扶持的企业在专利总量、发明专利数量和研发强度方面的差异分析结果。在全样本期间以及政策变更前后，未受政策支持的企业专利总量都明显大于受政策支持企业的专利总量。但是受政策支持企业的发明专利和研发强度却显著大于未受政策扶持的企业。由此可以得出初步假设，战略性新兴产业扶持政策对企业专利总量具有负向影响，对企业发明专利和研发强度具有正向促进作用，且政策促使企业专利质量的提升。从所有制类型看，本书发现，民营企业中受政策支持与未受政策支持的企业在发明专利和研发强度方面相对要大于国有企业样本中的差异，这一定程度上表明战略性新兴产业政策对民营企业创新水平的影响可能要大于对国有企业创新水平的影响。

表 6-3　政策出台前后企业专利数量差异性检验

		全样本			国有企业			民营企业		
		政策支持	非政策支持	差异	政策支持	非政策支持	差异	政策支持	非政策支持	差异
专利总量	总样本期间	2.918354	3.077938	-0.159584 ***	3.165208	3.326748	-0.16154 ***	2.810015	2.921526	-0.111511 ***
	政策出台前	2.473019	2.5955	-0.122481 ***	2.804681	2.95301	-0.148329 **	2.32746	2.370755	-0.043295
	政策出台后	3.363688	3.560377	-0.196689 ***	3.525735	3.700487	-0.174752 **	3.29257	3.472298	-0.179728 ***
发明专利	总样本期间	1.795618	1.612498	0.18312 ***	2.092776	1.921461	0.171315 ***	1.665202	1.418271	0.246931 ***
	政策出台前	1.418207	1.205782	0.212425 ***	1.734258	1.562032	0.172226 ***	1.279499	0.9818298	0.2976692 ***
	政策出台后	2.17303	2.019214	0.153816 ***	2.451294	2.280891	0.170403 **	2.050905	1.854713	0.196192 ***
研发强度	总样本期间	0.0188118	0.0128983	0.0059135 ***	0.0165964	0.0108925	0.0057039 ***	0.0197841	0.0141591	0.005625 ***
	政策出台前	0.0115691	0.0071193	0.0044498 ***	0.0102445	0.0049518	0.0052927 ***	0.0121505	0.0121505	0.0036686 ***
	政策出台后	0.0260545	0.0186772	0.0073773 ***	0.0229483	0.0168333	0.006115 ***	0.0274177	0.0198364	0.0075813 ***

资料来源：笔者自制，其中 ***、** 和 * 分别代表 0.01、0.05 和 0.1 的显著性水平。

表 6-4 列出了控制组和实验组在政策出台前后专利总量、发明专利和研发强度的差异。在战略性新兴产业相关扶持政策出台后，控制组和实验组的专利总量的自然对数、发明专利自然对数和研发强度的均值都显著增加，且在 1% 水平下显著。但是在分析产业政策调整影响时，由于时序性因素影响，若不考虑样本之间的横向差异，可能会得到不恰当的结果。表 6-4 DID 列给出了实验组

变动减去控制组变动后的结果及其显著性检验，以消除时序上的变动差异。从结果可以看出，全样本以及国有企业的专利总量和发明专利自然对数均值的双重差分值均不显著，只有民营企业两类指标自然对数均值的双重差分在10%的水平下显著。在研发强度方面，全样本企业和民营企业的双重差分值均在1%水平下显著，而国有企业的研发强度双重差分值却不显著。以上结果说明，战略性新兴产业政策促进了企业创新投入但并没有促进企业创新产出的增加，并且说明产业政策对民营企业创新投入和创新产出的影响可能大于对国有企业创新的影响。

表6-4 实验组和控制组在政策出台前后创新水平差异检验

		控制组		实验组		Difference		DID
		调整前（1）	调整后（2）	调整前（3）	调整后（4）	(5)=(2)-(1)	(6)=(4)-(3)	(7)=(6)-(5)
专利总量	全样本	2.5955	3.560377	2.473019	3.363688	0.964877 *** (19.8654)	0.890669 *** (20.4119)	-0.074 (1.14)
	国有企业	2.95301	3.700487	2.804681	3.525735	0.747477 *** (8.5453)	0.721054 *** (9.0543)	-0.026 (0.22)
	民营企业	2.370755	3.472298	2.32746	3.29257	1.101543 *** (19.7371)	0.96511 *** (18.6960)	-0.136 * (1.79)
发明专利	全样本	1.205782	2.019214	1.418207	2.17303	0.813432 *** (21.7559)	0.754823 *** (21.4793)	-0.059 (1.14)
	国有企业	1.562032	2.280891	1.734258	2.451294	0.718859 *** (10.3786)	0.717036 *** (10.3735)	-0.002 (0.02)
	民营企业	0.9818298	1.854713	1.279499	2.050905	0.8728832 *** (21.4746)	0.771406 *** (19.5121)	-0.101 * (1.78)
研发强度	全样本	0.0071193	0.0186772	0.0115691	0.0260545	0.0115579 *** (21.2804)	0.0144854 *** (22.5908)	0.003 *** (3.46)
	国有企业	0.0049518	0.0168333	0.0102445	0.0229483	0.0118815 *** (13.4995)	0.0127038 *** (11.6552)	0.001 (0.59)
	民营企业	0.0084819	0.0198364	0.0121505	0.0274177	0.0113545 *** (16.5627)	0.0152672 *** (19.4215)	0.004 *** (3.67)

资料来源：笔者自制，其中 *** 、 ** 和 * 分别代表0.01、0.05和0.1的显著性水平。

（二）检验结果分析

表6-5对我国战略性新兴产业政策对企业创新的影响效应进行了检验，检验结果显示，以专利总量作为被解释变量的系数检验结果不显著，而以发明专利和研发强度作为被解释变量的系数检验结果都显著为正，并且通过了1%水平的显著性检验。这表明，在控制诸如企业年龄、规模、资产负债率、资产收益率和成长性等因素的情况下，受产业政策扶持企业的发明专利和研发强度都显著高于不受政策扶持的企业。这表明，战略性新兴产业政策能够促进被扶持行业的企业技术创新，尤其是研发经费投入和发明专利产出。从更为宏观的层面来看，产业政策具有一定的创新促进效应。产业政策对专利总量产出的增加影响不显著，而对发明专利的增加却有正向显著影响，表明在受到产业政策扶持后，企业创新策略和方向可能发生了改变，更加专注于更具有创新价值的发明专利的研究而不再图谋"总量"优势，创新质量更加凸显。

表6-5　战略性新兴产业政策与企业技术创新

	专利总量	发明专利	研发强度
treat（政策支持）	−0.039916 （−1.34）	0.3129894*** （12.64）	0.0039632*** （9.23）
control（控制变量）	YES	YES	YES
constant（常数项）	−6.588293*** （−19.59）	−7.773595*** （−26.61）	0.025359*** （7.35）
观测值数量	8334	8334	8334
R^2（回归平方和）	0.1953	0.2481	0.1802

注：①***、**和*分别表示0.01、0.05和0.1的显著性水平，括号内数值为t值。标准误进行了Robust处理。②本书还利用企业未来1期实用新型、外观设计和专利总量来衡量企业的技术创新，结果基本保持不变，囿于篇幅原因，未在正文报告。

资料来源：笔者利用Stata软件计算。

表6-6进一步在区分了企业产权性质，检验了战略性新兴产业扶持政策对不同所有制企业技术创新的影响效应。从检验结果可以看出，当以企业专利总量衡量企业创新水平时，政策变更（treat）系数在国有企业样本中不显著而在民营企业中显著为负，表明产业政策扶持对国有企业专利总量增长没有明显的作用而对民营企业专利总量增长具有显著的负向作用；当以发明专利作为企业

创新水平衡量指标时，结果表明政策变更（treat）系数在国有企业和民营企业样本中都显著为正，国有企业的系数大于民营企业的系数，表明产业政策能够促进企业发明专利的产出，并且对国有企业的促进效应大于民营企业；进一步以研发强度衡量企业创新水平时，政策变更（treat）的系数在国有企业和民营企业样本中都显著为正，而且民营企业的影响系数大于国有企业影响系数，表明产业政策能够促进企业创新投入水平的增加，尤其是民营企业创新投入水平的增加。

表6-6　产业政策对不同所有制企业技术创新的影响

	专利总量		发明专利		研发强度	
	国有企业	民营企业	国有企业	民营企业	国有企业	民营企业
treat（政策支持）	0.0396301 (0.71)	-0.0729881** (-2.09)	0.3517773*** (7.33)	0.293236*** (10.40)	0.0039245*** (5.29)	0.0040241*** (7.58)
control（控制变量）	YES	YES	YES	YES	YES	YES
constant（常数项）	-7.949341*** (-13.46)	-5.928132*** (-12.90)	-8.206546*** (-15.56)	-7.105475*** (-18.29)	0.0453923*** (6.89)	0.0195496*** (3.80)
观测值数量	2868	5466	2868	5466	2868	5466
R^2（回归平方和）	0.2035	0.1818	0.2288	0.2340	0.1774	0.1778

注：①***、**和*分别表示0.01、0.05和0.1的显著性水平，括号内数值为t值。标准误进行了Robust处理。②本书还利用企业未来1期实用新型、外观设计和专利总量来衡量企业的技术创新，结果基本保持不变，囿于篇幅原因，未在正文报告。

资料来源：笔者利用Stata软件计算。

出现上面的结果可能由于以下几个方面的原因：①民营企业专利总量负向影响。民营企业作为中国经济发展的重要力量，无论是在债券融资还是股权融资方面都面临严重的"金融歧视"。在这种情况下，产业政策对鼓励行业的信贷、税收资源支持以及IPO审批放松，更能够缓解民营企业技术创新面临的资源约束，激励民营企业的创新活动。②国企发明专利效应大于民营企业。相对于民营企业，国有企业具有资源优势，更能够支撑技术密集型创新的研发。③民营企业创新投入大于国有企业。相对于民营企业，国有企业管理层激励约束机制的缺失也可能削弱产业政策激励对其技术创新的影响。国有企业的高管大部分是通过政府直接提拔或指定任命的，这可能导致他们行为更多的是对政府而非对企业负责，进而弱化管理者的风险偏好，降低风险承担水平。

（三）双重差分结果检验

为了消除内生性产生的伪回归问题，表6-7汇报了战略性新兴产业与企业技术创新的双重差分估计的结果。从结果可以看出，当以专利总量衡量企业创新水平时，无论是全样本还是国有企业和民营企业，treat * policy 交乘项的系数均不显著；当以发明专利作为企业技术创新水平衡量指标时，发现全样本下 treat * policy 交乘项的系数在5%水平下显著为负，受政策扶持的企业发明专利在政策变更后比政策变更前下降了0.1048，表明产业政策对企业发明专利产出具有负向影响。但无论是国有企业还是民营企业，产业政策对两者发明专利产出的影响均不显著。进一步地，本书检验了战略性新兴产业政策对企业研发强度的影响，发现全样本下 treat * policy 交乘项的系数在1%水平下显著为正，表明产业政策能够促进企业创新投入水平。而且从产权性质来看，受政策支持的民营企业在政策变更后研发强度的显著性高于国有企业，再次表明产业政策能够促进企业创新投入水平尤其是民营企业的创新投入。

表6-7 双差分检验

	专利总量			发明专利			研发强度		
	全样本	国有企业	民营企业	全样本	国有企业	民营企业	全样本	国有企业	民营企业
treat * policy	−0.0920	−0.1275	−0.0859	−0.1048 **	−0.1228	−0.0868	0.0033 ***	0.0010	0.0045 ***
	(−1.55)	(−1.17)	(−1.24)	(−2.17)	(−1.32)	(−1.59)	(4.01)	(0.70)	(4.40)
treat	0.0062	0.1035	−0.0298	0.3656 ***	0.4133 ***	0.3369 ***	0.0023 ***	0.0034 ***	0.0018 **
	(0.15)	(1.32)	(−0.60)	(11.19)	(6.48)	(9.12)	(3.89)	(3.28)	(2.45)
policy	0.8442 ***	0.7549 ***	0.9127 ***	0.7972 ***	0.8084 ***	0.8281 ***	0.0139 ***	0.0142 ***	0.0135 ***
	(12.93)	(6.78)	(11.31)	(15.33)	(8.72)	(13.42)	(18.41)	(12.73)	(13.15)
constant	−6.6232 ***	−7.9904 ***	−5.9630 ***	−7.8133 ***	−8.2461 ***	−7.1408 ***	0.0266 ***	0.0457 ***	0.0213 ***
	(−19.63)	(−13.47)	(−12.96)	(−26.65)	(−15.55)	(−18.37)	(7.64)	(6.82)	(4.14)
控制变量	YES	YES	YES	YES	YES	YES	YES	YES	YES
观测值	8334	2868	5466	8334	2868	5466	8334	2868	5466
R^2	0.1955	0.2039	0.1821	0.2485	0.2293	0.2343	0.1818	0.1775	0.1806

注：①***、**和*分别表示0.01、0.05和0.1的显著性水平，括号内数值为t值。标准误进行了Robust 处理。②本书还利用企业未来1期实用新型、外观设计和专利总量来衡量企业的技术创新，结果基本保持不变，囿于篇幅原因，未在正文报告。

资料来源：笔者利用 Stata 软件计算。

本书参照余明桂等（2016）的做法，采用倾向得分匹配方法（Propensity Score Matching）进一步对实验组和控制组进行了重新匹配，选择的企业特征变量包括企业资产负债率（alratio）、企业规模（size）、资产收益率（roa）、企业成长性（growth）以及经营活动的现金流（cash），然后对实验组和控制组进行了 Probit 回归，并将预测值作为得分进行最近邻匹配。重新采用模型进行回归得到表 6-8 所示的检验结果。结果显示，在以专利总量和发明专利作为创新衡量指标时，全样本和民营企业的 treat * policy 交乘项系数均在 10% 水平下显著为负，而研发强度的检验结果并未发生变化。这一结果进一步说明战略性新兴产业的相关产业扶持政策显著提高了战略性新兴产业企业的创新投入尤其是民营企业的创新投入水平，但与此同时，却导致了企业创新产出的显著下降（包括专利总量和发明专利）。

表 6-8　倾向得分匹配（PSM）后的双差分检验

	专利总量			发明专利			研发强度		
	全样本	国有企业	民营企业	全样本	国有企业	民营企业	全样本	国有企业	民营企业
treat * policy	−0.1199*	−0.1331	−0.1339*	−0.1140*	−0.1309	−0.1105*	0.0035***	0.0014	0.0045***
	(−1.73)	(−0.99)	(−1.69)	(−2.05)	(−1.17)	(−1.76)	(3.69)	(0.74)	(4.18)
treat	0.0126	0.1548	−0.0349	0.3608***	0.4572***	0.3186***	0.0026***	0.0037**	0.0022***
	(0.26)	(1.61)	(−0.62)	(9.76)	(6.12)	(7.68)	(3.91)	(2.39)	(3.21)
policy	0.8489***	0.7451***	0.9132***	0.8183***	0.8109***	0.8566***	0.0139***	0.0148***	0.0136***
	(10.83)	(5.23)	(9.64)	(12.95)	(6.62)	(11.74)	(14.20)	(9.06)	(11.03)
constant	−6.0334***	−6.9918***	−6.0793***	−7.5597***	−7.6308***	−7.3155***	0.0240***	0.0453***	0.0206***
	(−15.04)	(−9.47)	(−11.44)	(−21.85)	(−11.67)	(−16.5)	(5.50)	(4.96)	(3.38)
控制变量	YES	YES	YES	YES	YES	YES	YES	YES	YES
观测值	6494	2026	4468	6494	2026	4468	6494	2026	4468
R^2	0.1787	0.1710	0.1848	0.2350	0.2133	0.2322	0.1807	0.1717	0.1848

注：①***、** 和 * 分别表示 0.01、0.05 和 0.1 的显著性水平，括号内数值为 t 值。标准误进行了 Robust 处理。②本书还利用企业未来 1 期实用新型、外观设计和专利总量来衡量企业的技术创新，结果基本保持不变，囿于篇幅原因，未在正文报告。

资料来源：笔者利用 Stata 软件计算。

值得一提的是，战略性新兴产业政策对企业技术创新专利总量和发明专利产出的影响显著为负，即产业政策抑制了企业技术创新产出水平，而政策研发经费投入的促进作用却非常显著。这说明战略性新兴产业企业创新在投入向产出转化方面（即企业技术创新能力）存在一定的问题，在创新投入显著增加的条件下却并未带来产出的显著增长。本书将在后续的章节中进一步研究产业政策对企业技术创新能力的影响。

第二节　政策工具进一步分析

一、市场竞争机制检验

本书通过构建以下模型检验市场竞争机制对企业技术创新投入和产出的影响：

$$RD_{i,t} = \beta_0 + \beta_1 pcm + \beta_2 treat + \beta_3 pcm * treat + \sum Control + \varepsilon_{i,t} \quad (6-2)$$

在上面的模型中，我们采用企业市场势力 pcm 衡量企业所在行业的市场竞争程度，其中 pcm＝息税前利润/主营业务收入。一般地，企业市场势力越大，其所在行业中的市场竞争程度越低。在上面的模型中，β_3 衡量了相对于其他行业，战略性新兴产业市场竞争程度对企业技术创新影响的增量，$\beta_1 + \beta_3$ 代表了战略性新兴产业市场竞争程度对企业技术创新的影响，其他变量意义同上。

表6-9汇报了市场竞争对战略性新兴产业企业技术创新的检验结果。结果显示，无论是采用创新产出变量（专利总量和发明专利）还是创新投入（研发强度）作为衡量创新水平的指标，全样本层面和国有企业层面，β_3 系数均显著为正，表明相对于其他行业，战略性新兴产业市场竞争程度的增加显著抑制了战略性新兴产业的创新产出和创新投入的增加，但对民营企业无影响；但是无论是全样本、国有企业还是民营企业，$\beta_1 + \beta_3$ 的系数均显著为负，表明就战略性新兴产业自身而言，市场竞争程度的增加显著促进了企业创新产出和创新投入的增加。

表 6-9　市场竞争与企业技术创新

市场机制	专利总量			发明专利			研发强度		
	全样本	国有企业	民营企业	全样本	国有企业	民营企业	全样本	国有企业	民营企业
treat * pcm	0.0045 *	0.0193 ***	-0.0035	0.0062 ***	0.0157 ***	0.0014	0.00005 *	0.0002 ***	-0.0000
	(1.66)	(3.85)	(-1.14)	(2.98)	(4.32)	(0.69)	(1.78)	(5.08)	(-1.15)
treat	-0.0740	-0.1003	-0.0011	0.2546 ***	0.2366 ***	0.2883 ***	0.0035 ***	0.0025 ***	-0.0001 ***
	(-1.63)	(-1.43)	(-0.02)	(7.07)	(4.12)	(7.03)	(6.66)	(3.50)	(3.46)
pcm	-0.0126 ***	-0.0268 ***	-0.0091 ***	-0.0113 ***	-0.0211 ***	-0.0073 ***	-0.0001 ***	-0.0003 ***	0.0049 ***
	(-4.72)	(-5.21)	(-3.14)	(-5.31)	(-5.69)	(-3.56)	(-4.47)	(-6.37)	(6.62)
常数项	-6.8160 ***	-8.1964 ***	-6.1722 ***	-7.9542 ***	-8.4024 ***	-7.2287 ***	0.0233 ***	0.0430 ***	0.0167 ***
	(-20.00)	(-14.39)	(-13.12)	(-26.86)	(-16.38)	(-17.97)	(6.61)	(6.52)	(3.06)
控制变量	YES	YES	YES	YES	YES	YES	YES	YES	YES
观测值数	8334	2868	5466	8334	2868	5466	8334	2868	5466
R^2	0.2053	0.2268	0.1908	0.2559	0.2471	0.2379	0.1842	0.1896	0.1834
模型拟合系数的 F 检验 $\beta_1 + \beta_3$	-0.0081 ***	-0.0075 ***	-0.0126 ***	-0.0051 ***	-0.0054 ***	-0.0059 ***	-0.0000 **	-0.0001 **	-0.0001 ***
	(0.0007)	(0.0018)	(0.0000)	(0.0022)	(0.0095)	(0.0003)	(0.0148)	(0.0284)	(0.0000)

注：① *** 、 ** 和 * 分别表示 0.01、0.05 和 0.1 的显著性水平，括号内数值为 t 值。其中标准误进行了 Robust 处理。②模型拟合系数的 F 检验中括号内数值为 P 值。

资料来源：笔者利用 Stata 软件计算。

　　之所以出现这种结果，可能是由于与其他成熟制造业行业相比，战略性新兴产业企业多为年轻的中小型企业，企业多处于创业阶段，竞争力和创新能力较弱，当面临强有力的外部竞争时，由于企业受到资金、规模等外部约束，虽然能够通过增加创新投入、提高研发强度的方式增强自身的创新能力，并促进了创新产出的增长，但是与其他制造行业相比，其无论是创新投入增量还是创新产出增量均不具备优势。从保护幼稚产业理论的视角出发，当前针对战略性新兴产业企业技术创新的扶持措施具有一定的必要性。但是总体而言，市场竞争才是促进企业技术创新的动力来源。

二、政府补贴机制检验

政府补贴是政府扶持战略性新兴产业发展最为直接的资金支持措施。为检验政府补贴对企业技术创新投入和产出的政策效应，本书设定了以下模型：

$$RD_{i, t} = \beta_0 + \beta_1 sub + \beta_2 treat + \beta_3 sub * treat + \sum Control + \varepsilon_{i, t} \quad (6-3)$$

在上面的模型中，我们采用政府补贴 sub 衡量政府对企业的补贴资金支持程度。需要说明的是，本书没有区分政府补贴资金是否专门针对企业 R&D 的补贴，因为我们认为任何流入企业的补贴资金都可能一定程度上缓解企业面临的资金约束，从而直接或间接促进企业技术创新的研发投入。在上面的模型中，β_3 衡量了相对于其他行业，战略性新兴产业政府补贴对企业技术创新影响的增量，$\beta_1 + \beta_3$ 代表了战略性新兴产业政府补贴程度对企业技术创新的影响，其他变量意义同上。

表 6-10 报告了政府补贴对战略性新兴产业企业技术创新影响的检验结果。结果显示，无论从企业创新投入角度还是创新产出角度，treat * sub 的交乘项系数均不显著，表明与其他制造业企业相比，政府补贴对战略性新兴产业企业创新投入和创新产出的增长并没有产生显著影响。进一步地，从 $\beta_1 + \beta_3$ 系数的显著性可以看出，政府补贴对战略性新兴产业专利总量产出没有显著影响，但是对全样本企业的发明专利产出和研发强度具有显著的正向影响。这表明政府补贴能够促进战略性新兴产业企业研发投入和发明专利产出。区分不同产权性质企业，发现政府补贴对民营企业发明专利产出的影响在1%水平上显著，而对国有企业发明专利产出无影响；政府补贴对国有企业研发强度的正向影响在10%水平上显著，而对民营企业无显著影响。这表明来自政府的补贴资金能够在一定程度上促进国有企业的研发强度的提升，并且能够在更大程度上促进民营企业发明专利产出的增加。

表 6-10　政府补贴与企业技术创新检验

补贴机制	专利总量			发明专利			研发强度		
	全样本	国有企业	民营企业	全样本	国有企业	民营企业	全样本	国有企业	民营企业
treat * sub	0.7587 (0.80)	0.0699 (0.05)	2.4581 (1.11)	0.9569 (1.15)	−0.7455 (−0.66)	0.9053 (0.52)	0.0240 (1.41)	0.0405 (1.46)	0.0410 (1.48)

续表

补贴机制	专利总量			发明专利			研发强度		
	全样本	国有企业	民营企业	全样本	国有企业	民营企业	全样本	国有企业	民营企业
treat	−0.0471 (−1.45)	0.0381 (0.65)	−0.0978 ** (−2.28)	0.2947 *** (10.92)	0.3567 *** (7.09)	0.2698 *** (7.88)	0.0036 *** (8.11)	0.0034 *** (4.57)	0.0035 *** (5.04)
sub	−0.7706 (−1.27)	0.1549 (0.28)	−2.4466 (−1.21)	0.8689 * (1.79)	1.1260 *** (2.60)	1.8081 (1.17)	0.0055 (0.45)	0.0050 (0.46)	−0.0207 (−0.85)
常数项	−6.5468 *** (−19.22)	−7.9667 *** (−13.18)	−5.8453 *** (−12.51)	−7.8462 *** (−26.55)	−8.3111 *** (−15.41)	−7.2031 *** (−18.27)	0.0246 *** (7.24)	0.0442 *** (7.03)	0.0140 *** (3.86)
控制变量	YES	YES	YES	YES	YES	YES	YES	YES	YES
观测值数	8334	2868	5466	8334	2868	5466	8334	2868	5466
R^2	0.1954	0.2035	0.1821	0.2490	0.2293	0.2361	0.1809	0.1794	0.1782
模型拟合系数的 F 检验 $\beta_1 + \beta_3$	−0.0121 (0.9868)	0.2249 (0.8589)	0.0115 (0.9899)	1.8257 *** (0.0066)	0.3805 (0.7199)	2.7134 *** (0.0009)	0.0294 ** (0.0132)	0.0455 * (0.0757)	0.0202 (0.1248)

注：① *** 、 ** 和 * 分别表示 0.01、0.05 和 0.1 的显著性水平，括号内数值为 t 值。其中标准误进行了 Robust 处理。②模型拟合系数的 F 检验中括号内数值为 P 值。

资料来源：笔者利用 Stata 软件计算。

之所以出现以上结果，本书认为可能有以下原因：①与传统制造业行业相比，战略性新兴产业尚处于培育发展阶段，企业竞争力不强且面临较大的融资约束。特别是作为新兴产业，技术密集度高，企业创新的正外部性比较大，政府现有的政策支持仅能够维持其与其他行业相同的创新水平。②国有企业和民营企业之间存在资源基础差异和嵌入复杂制度情景中产生的制度逻辑差异，导致两者在利用政府补贴进行创新的行为方面表现出差异（杨洋等，2015）。国有企业自身掌握资源丰富，创新过程中面临的制度约束和资源约束较少，且能够更容易获得政府补贴。同时，国有企业经营管理层的非专业性和行政性任命削弱了国有企业将创新资源转化为创新产出的能力（Carman and Dominguez，2001）。因此，当国有企业获取政府补贴后研发强度增加但创新产出并未增加就在情理之中了。相比之下，民营企业面临更大的资源约束却获得较少的政府补贴，但利用其先进的组织和管理能力能够更有效地将创新资源转化为创新产出。

三、税收优惠机制检验

为检验税收优惠政策对企业技术创新投入和产出的政策效应，本书设定了以下模型：

$$RD_{i,t} = \beta_0 + \beta_1 taxrate + \beta_2 treat + \beta_3 taxrate * treat + \sum Control + \varepsilon_{i,t}$$

$$(6-4)$$

在上面的模型中，我们采用企业实际税率 taxrate 衡量政府对税收优惠程度。其中，β_3 衡量了相对于其他行业，战略性新兴产业税收优惠政策对企业技术创新影响的增量，$\beta_1 + \beta_3$ 代表了战略性新兴产业税收优惠程度对企业技术创新的影响，这是本书关注的系数，其他变量意义同上。

表 6-11 列出了税收优惠与企业技术创新之间关系的检验结果。从结果中可以看出，在以发明专利作为创新水平衡量指标时，无论是与其他行业相比，还是就战略性新兴产业自身而言，税收优惠政策对企业技术创新均没有显著影响。当以专利总量作为创新水平衡量指标时，政府税收优惠政策能够显著地增加企业专利总量的产出，且与其他行业相比，能够提高战略性新兴产业中民营企业的专利总量产出，但是对国有企业却并不明显。从企业研发强度的视角，与其他行业相比，税收优惠政策能够提高战略性新兴产业全样本研发强度并在5%水平显著。区分不同的产权性质，发现税收优惠政策能够在1%水平上显著提高国有企业的研发强度而对民营企业无显著影响。

表 6-11　税收优惠与企业技术创新

税收机制	专利总量			发明专利			研发强度		
	全样本	国有企业	民营企业	全样本	国有企业	民营企业	全样本	国有企业	民营企业
treat * taxrate	-0.0006 (-0.75)	-0.0034 (-0.46)	-0.0049 ** (-2.15)	0.0009 (0.90)	0.0038 (0.42)	0.0005 (0.24)	-0.00002 ** (-2.27)	-0.00009 *** (-2.77)	-0.00006 (-1.38)
treat	-0.0400 (-1.34)	0.0403 (0.72)	-0.0727 ** (-2.08)	0.3129 *** (12.64)	0.3507 *** (7.30)	0.2932 *** (10.40)	0.0040 *** (9.24)	0.0040 *** (5.33)	0.0040 *** (7.52)
taxrate	0.0000 (0.04)	0.0029 (0.39)	9.23e-06 (0.02)	-0.0008 (-0.87)	-0.0037 (-0.41)	-0.0005 *** (-2.31)	0.00002 ** (2.10)	0.00008 *** (2.77)	0.00002 *** (3.02)
常数项	-6.5886 *** (-19.59)	-7.9518 *** (-13.46)	-5.9319 *** (-12.90)	-7.7735 *** (-26.60)	-8.2052 *** (-15.55)	-7.1049 *** (-18.28)	0.0254 *** (7.35)	0.0454 *** (6.88)	0.0195 *** (3.79)

续表

税收机制	专利总量			发明专利			研发强度		
	全样本	国有企业	民营企业	全样本	国有企业	民营企业	全样本	国有企业	民营企业
控制变量	YES	YES	YES	YES	YES	YES	YES	YES	YES
观测值数	8334	2868	5466	8334	2868	5466	8334	2868	5466
R^2	0.1953	0.2036	0.1819	0.2481	0.2289	0.2340	0.1802	0.1776	0.1778
模型拟合系数的F检验$\beta_1+\beta_3$	-0.0006 *** (0.0000)	-0.0005 *** (0.0075)	-0.0049 ** (0.0277)	0.0000 (0.7795)	7.84E-05 (0.6348)	0.0000 (0.9776)	0.0000 (0.0938)	0.0000 (0.9541)	-0.00004 (0.3312)

注：① *** 、 ** 和 * 分别表示 0.01、0.05 和 0.1 的显著性水平，括号内数值为 t 值。其中标准误进行了 Robust 处理。②模型拟合系数的 F 检验中括号内数值为 P 值。

资料来源：笔者利用 Stata 软件计算。

　　之所以出现上述结果，本书认为可能由于以下原因：①我国针对战略性新兴产业的相关税收优惠政策，诸如所得税优惠、企业研发费用税前加计扣除以及高技术企业的专项支持政策，只是提及了企业知识产权数量标准，并未提出相关的质量要求（如发明专利占比等），进而导致税收优惠政策不能促进发明专利产出的增长。②在税收优惠政策激励下，国有企业的研发强度显著增加而民营企业的研发强度却没有显著增加，进一步说明与国有企业相比，战略性新兴产业中民营企业面临更为刚性的融资约束，无法通过增加研发投入的方式获取国家通过税收政策给予的优惠。③这种显著性的反差表明国有企业的创新成果转化能力比民营企业的创新转化能力要差。

四、信贷支持机制检验

　　为检验信贷支持政策对企业技术创新投入和产出的政策效应，本书设定了以下模型：

$$RD_{i,t} = \beta_0 + \beta_1 lloan + \beta_2 treat + \beta_3 lloan * treat + \sum Control + \varepsilon_{i,t} \quad (6-5)$$

　　在上面的模型中，我们采用企业长期贷款增量占总资产的比重 lloan 作为信贷支持政策的代理变量。在产业扩张阶段，lloan 值越高，表明企业面临的融资约束越小。其中，β_3 衡量了相对于其他行业，战略性新兴产业企业信贷支持政策对企业技术创新影响的增量，$\beta_1 + \beta_3$ 代表了战略性新兴产业信贷支持程度对企业技术创新的影响，这是本书关注的系数，其他变量意义同上。

表6-12列出了信贷机制对企业技术创新影响的检验结果。从结果可以看出，信贷机制对以专利总量或发明专利衡量的战略性新兴产业企业技术创新无论是产业自身还是与其他制造业行业的比较中均不具有显著的促进作用。尽管信贷机制对全样本企业研发强度的提升不具有显著的促进作用，但是信贷机制能够显著促进民营企业技术创新投入。

表6-12　信贷机制与企业技术创新

信贷机制	专利总量			发明专利			研发强度		
	全样本	国有企业	民营企业	全样本	国有企业	民营企业	全样本	国有企业	民营企业
treat * lloan	0.4446 (0.65)	0.3453 (0.33)	0.7292 (0.81)	0.5046 (0.96)	0.2865 (0.35)	0.8187 (1.23)	−0.0048 (−0.85)	0.0017 (0.20)	−0.0125 * (−1.68)
treat	−0.0403 (−1.34)	0.0442 (0.79)	−0.0765 ** (−2.17)	0.3117 *** (12.47)	0.3557 *** (7.34)	0.2889 *** (10.13)	0.0040 *** (9.15)	0.0039 *** (5.21)	0.0041 *** (7.57)
lloan	−1.1101 ** (−2.06)	−1.2139 (−1.46)	−1.2329 * (−1.77)	−0.9410 ** (−2.39)	−1.0245 (−1.56)	−0.8686 * (−1.86)	−0.0028 (−0.86)	−0.0024 (−0.43)	−0.0033 (−0.78)
常数项	−6.5642 *** (−19.53)	−7.9364 *** (−13.45)	−5.8997 *** (−12.82)	−7.7534 *** (−26.59)	−8.1956 *** (−15.56)	−7.0863 *** (−18.25)	0.0254 *** (7.37)	0.0454 *** (6.89)	0.0196 *** (3.82)
控制变量	YES	YES	YES	YES	YES	YES	YES	YES	YES
观测值数	8334	2868	5466	8334	2868	5466	8334	2868	5466
R^2	0.1960	0.2046	0.1825	0.2487	0.2299	0.2344	0.1803	0.1774	0.1782
模型拟合系数的F检验 $\beta_1 + \beta_3$	−0.6655 (0.1326)	−0.8686 (0.1823)	−0.5037 (0.3984)	−0.4365 (0.2203)	−0.7380 (0.1494)	−0.0498 (0.9194)	−0.0077 (0.1015)	−0.0007 (0.9199)	−0.0159 ** (0.0131)

　　注：①*** 、** 和 * 分别表示0.01、0.05和0.1的显著性水平，括号内数值为t值。其中标准误进行了Robust处理。②模型拟合系数的F检验中括号内数值为P值。

　　资料来源：笔者利用Stata软件计算。

上述检验结果间接说明了民营企业相对于国有企业面临更严峻的资金约束，并且资金短缺制约了民营企业技术创新投入。政府出台的关于信贷支持政策对缓解民营企业的技术创新面临的资金困境更有效。

第三节　本章小结

本书采用双重差分和混合回归方法检验了《国务院关于加快培育和发展战略性新兴产业的决定》及其细化政策《"十二五"国家战略性新兴产业发展规划》对企业技术创新的影响机制和影响效应，分别从企业技术创新投入和技术创新产出两个方面考察了影响效应的显著性。研究发现，战略性新兴产业扶持政策能够显著地提高企业的研发强度和发明专利产出，但对企业专利总量增加影响并不显著。区分不同的所有制水平，发现产业政策能够促进国有企业和民营企业的研发强度和发明专利产出，以及民营企业专利产出总量。并且与其他制造业企业相比，战略性新兴产业政策能够显著地提升企业的技术创新投入，但对发明专利这类创新产出却是显著的负向影响。这表明战略性新兴产业企业创新在投入向产出转化方面（即企业技术创新能力）存在一定的问题，在创新投入显著增加的条件下却并未带来产出的显著增长。

进一步地，本书检验了不同产业政策工具对企业技术创新投入和创新产出的影响。具体地，市场竞争能够显著地促进企业技术创新投入和创新产出，尤其是国有企业的创新水平；政府补贴对战略性新兴产业企业技术创新投入和创新产出均没有显著影响；税收优惠政策能够显著提高企业创新投入水平尤其是国有企业的创新投入水平，以及民营企业专利总量产出；信贷支持政策则能够显著增强民营企业的研发强度，对其他企业的创新投入和产出均不构成显著影响。

实证结果表明，战略性新兴产业的发展离不开政府的政策支持，尤其是技术创新方面。市场竞争才是促进企业技术创新的最为主要和有效的动力来源，与其他制造业行业相比，政府针对战略性新兴产业实施的政府补贴、税收优惠和信贷支持并未给产业内企业技术创新投入和产出带来显著的影响。一方面可能缘于战略性新兴产业尚处于培育阶段，相对于原有的成熟的制造业而言还比较弱小，急需政府的政策扶持措施。另一方面，新兴产业多属于技术密集型产业，创新带来的正外部性更强，当前的支持政策仅仅能够激励其维持正常的创新水平。与国有企业相比，民营企业在技术创新方面面临更强的资金约束，但其创新转化能力要好一些。

第七章
战略性新兴产业企业技术创新效率测算及政策工具影响分析

第一节 战略性新兴产业企业技术创新效率测算

一、基于 SFA 方法的企业技术创新效率测算模型

通过既定的面板数据估计生产前沿的方法之一就是选择一种生产函数来包络样本点，学术界采用较多的是 C-D 生产函数，Aigner 和 Chu（1968）设定的前沿函数模型如下：

$$INY_i = \alpha_i X - \mu_i \tag{7-1}$$

其中，i=1，2，…，n，Y_i 表示第 i 个决策单元的产出，X 表示一个由投入的对数组成的 n*1 维向量；α_i 代表参数向量；μ_i 代表与技术无效有关的非负随机变量。Aigner 和 Chu（1968）采用线性规划方法估计了模型中的未知参数，而 Afriat（1972）假定随机变量 μ_i 服从 γ 分布，采用最大似然估计方法估计了模型中的未知参数，亦有学者采用了修正最小二乘法（MOLS）进行了尝试。但是这种确定性前沿没有考虑测量误差和其他统计噪声，所有偏离前沿的因素均被作为技术无效处理，低估了技术创新效率。为了弥补这一缺陷，Aigner 等（1977）和 Meeusen 等（1977）分别提出了如下形式的随机前沿生产函数模型：

$$INY_i = \alpha_i X_i + \vartheta_i - \mu_i \tag{7-2}$$

式（7-2）中增加了代表统计噪声的对称随机误差项 ϑ_i，统计噪声既来源于所忽略的与投入相关的变量，也来源于测量误差和函数形式选择所带来的近

似误差。产出的最大确定性边界为 $e^{\alpha_i X_i}$，随机误差项 ϑ_i 可正可负，因此，随机前沿产出围绕着模型的确定部分 $e^{\alpha_i X_i}$ 变动。方便起见，我们用图形阐释随机前沿模型的特征。我们考虑单投入单产出的柯布—道格拉斯随机前沿模型：

$$Y_i = \exp(\beta_0 + \beta_1 INX_i) \times \exp(\vartheta_i) \times \exp(-\mu_i)$$

$$\qquad\qquad \text{确定部分} \qquad\quad \text{噪声} \qquad\quad \text{无效性} \qquad\qquad\qquad (7-3)$$

如图 7-1 所示，横轴表示投入值，纵轴表示产出值。正常的生产函数所代表的是确定性前沿，可以看出生产前沿位于确定性前沿之上，因为噪声影响是正的。同理，若噪声影响是负的，则可能位于确定性前沿之下。

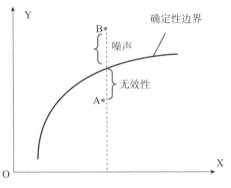

图 7-1 生产前沿面示意图

随机前沿分析的目的是预测无效效应，最常用的产出导向的技术效率是可观测产出与相应随机前沿产出之比：

$$TE_i = \frac{Y_i}{\exp(\beta_i INX_i + \vartheta_i)} = \frac{\exp(\beta_i INX_i + \vartheta_i - \mu_i)}{\exp(\beta_i INX_i + \vartheta_i)} = \exp(-\mu_i) \qquad (7-4)$$

这种技术效率测度值介于 0 与 1 之间，它测算了第 i 个厂商的产出与完全有效厂商使用相同投入量所能得到的产出之间的相对差异。但是究竟采用何种方法进行参数估计，则要视随机项的假设而定。如前所述，随机前沿函数的右侧随机项包括一个误差项 ϑ_i 和一个非负随机变量 μ_i，这使参数估计变得更为复杂。通常的假设是 ϑ_i 和 μ_i 相互独立，并且两个误差与解释变量不相关。

$$\begin{cases} E(\vartheta_i) = 0 \\ E(\vartheta_i^2) = \sigma_i^2 \\ E(\vartheta_i\vartheta_j) = 0 \quad 对任意的 \ i \neq j \\ E(\mu_i^2) = C \quad 其中 \ C \ 为常数 \\ 且 \ E(\mu_i\mu_j) = 0 \quad 对任意的 \ i \neq j \end{cases} \tag{7-5}$$

在以上假设之下，就可以利用普通最小二乘法获得斜率系数一致的估计量。然而这样得到的截距系数是向下偏的。要解决这个问题，可以采用 Winston (1957) 提出的修正普通最小二乘法（COLS）。但根据学界的研究，对两个误差项做一些更好的假设条件下，利用最大似然估计方法（ML）进行参数估计效果更好。Aigner 等（1977）在假设

$$\begin{cases} \vartheta_i \sim \mathring{A}dN(0, \ \sigma_\vartheta^2) \\ \mu_i \sim \mathring{A}dN(0, \ \sigma_\mu^2) \end{cases} \tag{7-6}$$

下进行了 ML 估计。我国学者白俊红等（2009）和宋来胜等（2017）都参考了此方法进行了实证研究。此外，可以考察模型中随机误差项中技术无效的比重，即公式 $\gamma = \dfrac{\sigma_\mu^2}{\sigma_\vartheta^2 + \sigma_\mu^2} (0 \leqslant \gamma \leqslant 1)$ 中 γ 的大小，γ 越接近于 1，表明前沿函数的误差主要源于技术无效率项，采用随机前沿模型测算效率越合适，否则，采用最小二乘法即可。

本书借鉴 Battese 和 Coelli（1995）的模型设定方法，将模型设定如下：

$$Y_{it} = \alpha_i X_{it} + \vartheta_{it} - \mu_{it} \tag{7-7}$$

其中，Y_{it} 表示第 i 个企业在 t 时期的创新产出的对数值，X_{it} 表示企业 i 在 t 时期的创新投入的对数值，i = 1, 2, …, n, t = 1, 2, …, T。如前所述，在误差项 $(\vartheta_{it} - \mu_{it})$ 中，ϑ_{it} 代表随机扰动项，服从 $N(0, \ \sigma_\vartheta^2)$；而 μ_{it} 代表了技术无效率项，说明个体冲击的影响。本书参照 Battese 和 Coelli（1992）的设定，μ_{it} 服从非负断尾正态分布即半正态分布，也即 $\mu_{it} \sim N^+(0, \ \sigma_\mu^2)$。又由式 (7-4) 可知 $TE_{it} = \exp(-\mu_{it})$，显然，当 $\mu_{it} = 0$ 时 $TE_{it} = 1$，表示决策单元位于前沿面上，代表技术有效；而当 $\mu_{it} > 0$ 时，则 $0 < TE_{it} < 1$，决策单元位于前沿面下方，代表技术无效。

关于生产函数的设定，除了前述的 C-D 生产函数，超越对数形式的生产函数也较为常用。与 C-D 生产函数相比，超越对数生产函数有技术中性和产出弹性固定的假设，且在形式上更加灵活，能够更好地避免由于函数形式的误设而

带来的估计偏差（王争和史晋川，2007）。本书采用了战略性新兴产业上市公司三年的创新投入产出数据，考虑到战略性新兴产业覆盖的范围较大，包含的行业门类众多，七大行业之间技术范式差异较大，不能保证技术中性和产出弹性固定的假设，因此本书采用超越对数生产函数的形式，具体 SFA 模型设定如下：

$$\ln Y_{it} = \beta_0 + \beta_1 \ln rdspend_{it} + \beta_2 \ln rdper_{it} + \beta_3 \ln(rdspend_{it})^2 +$$
$$\beta_4 \ln(rdper_{it})^2 + \beta_5 \ln rdspend_{it} \ln rdper_{it} + (\vartheta_{it} - \mu_{it}) \qquad (7-8)$$

其中，Y_{it} 为企业技术创新活动的产出变量，在本书中主要包括专利产出和企业主营业务收入两个变量，$rdspend_{it}$ 为技术创新活动的资本投入变量，$rdper_{it}$ 为技术创新活动的劳动投入变量。

二、数据来源和变量处理说明

（一）数据来源

由于上市公司信息披露不全，研发投入和研发产出数据在 2015 年之前披露的企业数量较少，但基于随机前沿模型的技术效率测算及影响因素分析需要基于大样本分析才能够准确。因此，本书选用的战略性新兴产业七大类行业上市公司 2015~2017 年的面板数据，上市公司选择集合完全基于国家信息中心统计战略性新兴产业上市公司数据的企业。考虑到研发产出的滞后性以及本书研究对象（各类影响因素）决策期实际上都在 2015 年之前，因此，本书参考国家统计局发布的《战略性新兴产业分类（2012）》（试行）的分类方法，将所有 570 家上市公司分为节能环保产业、新一代信息技术产业、生物产业、高端装备制造产业、新能源产业、新材料产业和新能源汽车七大产业类别。专利数据来源于国家知识产权局，所有研发经费投入和研发人员投入数据均来自 Wind 数据库、国泰安数据库。上市公司中剔除了专利数据为 0 的企业以及研发投入和研发产出为 0 或数据缺失的企业。

（二）变量处理说明

利用随机前沿模型测算企业技术创新效率关键是确定研发产出和研发投入，根据以往学者的研究，研发产出通常使用专利申请量、新产品销售收入，研发投入多采用 R&D 经费支出和 R&D 人员投入（Sharma and Thomas，2008；白俊红等，2009；肖文和林高榜，2014）。本书在借鉴前人经验的基础上，结合战略性新兴产业上市公司数据特点，选择了本书使用的技术创新的投入和产出的代理变量。

首先，关于技术创新的产出，专利申请量或授权量是学术界进行技术效率测算最常使用的代理产出变量，但是也一直存在争议：一是企业为更好地保护企业秘密，并不将企业开发或掌握的技术申请专利，因此，专利无法全面反映创新活动的全面成果；二是专利质量之间存在天壤之别，但是能够替代专利的代理变量并不容易找到。也有部分学者尝试了新产品销售收入（朱有为和徐康宁，2006）、新产品开发项目数（吴延兵，2008）等。但是，这些替代指标同样存在缺陷，如新产品开发项目之间的大小、技术密集度等差别较大，新产品销售收入指标在上市公司公开披露的信息中很难获取。因此，本书基于研究的合理性和数据的可得性从两个方面衡量企业技术创新活动产出：一是利用上市公司"专利申请数"衡量企业技术创新的直接产出，但这一指标未考虑科技成果的市场化转化；二是利用"主营业务收入"衡量新技术的市场效应，即上市公司创新成果的市场接受度，能够将技术创新活动与经济增长直接联系起来。

R&D 经费投入是企业技术创新投入中最主要的资金来源，反映了企业年度内实际资金的投入，用于支付研发人员的工资、购买仪器设备，用于中间试验或产品试制以及合作研发等活动。作为一项流量指标，R&D 经费支出对企业创新活动的影响不仅作用于资金支出当期，对未来企业的创新活动也会产生一定的影响。因此，Griliches（1992）和吴延兵（2006）指出，应当采用 R&D 资本存量作为企业研发活动的资本支出。本书借鉴两位学者的计算方法采用永续盘存法核算 R&D 存量，计算公式如下：

$$K_{it} = (1 - \delta) \times K_{i(t-1)} + E_{it} \qquad (7-9)$$

其中，K_{it}、$K_{i(t-1)}$ 为 i 企业第 t 和 t-1 年 R&D 资本存量，δ为折旧率，本书参考肖文和林高榜（2014）的做法，将 R&D 资本折旧率设为 10%，E_{it} 代表 i 企业第 t 年实际 R&D 经费支出，为保证各期经费投入的可比性，本书参考白俊红等（2009）的做法确定各年的 R&D 经费支出进行平减，其中 R&D 支出价格指数=0.55×消费价格指数+0.45×固定资产价格投资指数。对于 2015 年基期 R&D 资本存量的估算，我们利用公式 $K_{i2015} = E_{i2015}/g + \delta$ 进行计算，其中 g 为所有上市公司行业经费投入平均增长率，之所以没有考虑单个企业增长率因素，是因为战略性新兴产业企业受自身技术水平、市场环境和政府政策影响较大，研发投入变动较大，有的甚至出现 15% 以上的负增长，因此采用行业平均增长率计算原始资本存量更加符合现实状况。

技术创新投入的另外一项指标是 R&D 人员投入。受上市公司数据披露限制，上市公司研发人员年龄结构和学历结构无法获得，因此，本书直接选用上市公司披露的研发人员数量作为 R&D 人员全时当量。

本节使用的变量及其定义如表 7-1 所示。

表 7-1　变量定义及说明

变量名称	变量符号	定义及说明
资本投入（万元）	rdspend	使用永续盘存法核算 R&D 资本存量
人员投入（人/年）	rdper	根据上市公司年度公开披露数据整理
专利产出（项）	patent	企业年度各类专利申请数量总和
主营业务收入（万元）	revenue	上市公司年度公开披露主营业务收入总额

变量的描述性统计结果如表 7-2 所示。

表 7-2　七个行业数据描述性统计（2015~2017 年）

行业	指标名称	观测值	平均值	标准差	最小值	中位数	最大值
高端装备制造产业	资本投入（rdspend）	117	18.0645	1.0048	16.1345	18.0252	20.6351
	人员投入（rdper）	117	5.7540	1.0118	3.2189	5.7203	7.9593
	专利产出（patent）	117	3.2607	1.4496	0.0000	3.3322	6.3613
	主营业务收入（reve）	117	20.9402	1.1469	18.9063	21.0872	23.8794
节能环保产业	资本投入（rdspend）	135	17.9388	0.9791	14.8506	17.8517	21.1690
	人员投入（rdper）	135	5.5040	0.8327	3.6889	5.4381	7.9659
	专利产出（patent）	135	3.1628	1.2982	0.0000	3.2189	6.2106
	主营业务收入（reve）	135	21.2543	0.8691	19.4846	21.1524	24.1265
生物产业	资本投入（rdspend）	363	18.1900	1.0709	15.4576	18.1568	21.2881
	人员投入（rdper）	363	5.5337	0.8898	1.3863	5.5530	8.2417
	专利产出（patent）	363	2.6932	1.5060	0.0000	2.7726	7.0951
	主营业务收入（reve）	363	21.2957	1.1580	19.1973	21.2032	25.5973

行业	指标名称	观测值	平均值	标准差	最小值	中位数	最大值
新材料产业	资本投入（rdspend）	204	18.1126	1.1601	15.2779	17.9853	21.3262
	人员投入（rdper）	204	5.4294	0.9546	3.4012	5.3776	8.2467
	专利产出（patent）	204	2.9767	1.4393	0.0000	2.9701	7.0800
	主营业务收入（reve）	204	21.4396	1.1638	18.8098	21.2887	24.4151
新能源产业	资本投入（rdspend）	63	18.1861	1.2176	16.3189	17.8869	21.8232
	人员投入（rdper）	63	5.4943	1.1030	3.2958	5.3375	8.0050
	专利产出（patent）	63	3.1047	1.3483	0.6931	2.9957	6.2265
	主营业务收入（reve）	63	21.3705	1.2499	18.9082	21.1982	25.0996
新能源汽车产业	资本投入（rdspend）	18	18.8420	1.7492	17.1753	18.1921	22.5585
	人员投入（rdper）	18	6.5186	1.9683	4.2195	6.5658	10.2215
	专利产出（patent）	18	4.0471	2.1382	0.6931	3.6465	9.0331
	主营业务收入（reve）	18	22.0862	1.6406	20.5188	21.8436	25.3859
新一代信息技术产业	资本投入（rdspend）	774	18.5443	1.1432	15.9043	18.4360	22.6652
	人员投入（rdper）	774	6.2587	1.0762	3.4965	6.2246	9.7492
	专利产出（patent）	774	3.2852	1.5436	0.0000	3.3322	8.5471
	主营业务收入（reve）	774	21.1890	1.2319	18.0655	21.0859	25.4380

资料来源：笔者根据数据自行整理。

从数据分布看，各行业样本数量不一致，新一代信息技术产业样本数量最多为258家，共774个观测值。最少的为新能源汽车产业6家，18个样本观测值。各行业中，研发资本投入、人员投入、专利产出和主营业务收入最值之间以及最值与平均值之间存在较大的差距，导致样本方差较大。这一定程度上说明样本企业之间存在较大的个体差异，使用投入产出效率评价企业技术创新能力具有一定的合理性。

三、实证结果分析

本书使用随机前沿函数对中国战略性新兴产业七个大类行业2015~2017年的面板数据进行计算分析，分别以专利申请总量和企业主营业务收入作为企业创新产出指标，其中专利申请总量作为创新产出衡量了非市场化创新活动，以主营业务收入作为创新产出衡量了企业的市场化导向的创新活动。采用 frontier4.1 对各行业前沿生产函数、技术无效函数和残差项进行估计，具体的估计结果如表 7-3 所示，给出了包括常数项在内的六类自变量系数及其 t 值，γ 值代表了技术无效率项在残差项中所占的比重。

表 7-3　随机前沿生产函数最大似然估计结果

行业	指标	以 patent 作为产出				以 revenue 作为产出			
		系数	标准差	T 值	γ 值	系数	标准差	T 值	γ 值
高端装备制造产业	Constant	28.4117 *	14.2642	1.9918	0.8052	22.4351 ***	2.2742	9.8650	0.0729
	rdspend	27.3606 *	14.8689	1.8401		-5.9692 ***	0.9633	-6.1969	
	rdper	4.9935	32.3538	0.1543		16.3670 ***	0.9334	17.5355	
	Rdsp2	-14.4205 *	7.4226	-1.9428		2.9235 ***	0.4782	6.1133	
	Rdper2	-4.9054	16.1965	-0.3029		-8.7710 ***	0.4920	-17.8282	
	rdkl	0.2921 **	0.1363	2.1429		0.0827 ***	0.0205	4.0276	
节能环保产业	Constant	20.5678 *	11.3428	1.8133	0.7573	27.0202 ***	3.6853	7.3319	0.5274
	rdspend	-117.0169 ***	38.9612	-3.0034		-0.6878	1.7771	-0.3870	
	rdper	39.7647	345.0351	0.1152		-11.1329 ***	2.5427	-4.3783	
	Rdsp2	58.0689 ***	19.4359	2.9877		0.1905	0.7039	0.2707	
	Rdper2	-21.8045	172.4554	-0.1264		4.5916 ***	1.0898	4.2132	
	rdkl	0.2194 *	0.1139	1.9265		0.1140 ***	0.0435	2.6222	
生物产业	Constant	0.4128	6.3858	0.0646	0.0164	21.5916 ***	1.8376	11.7497	0.0014
	rdspend	-31.0281 ***	6.6581	-4.6602		-3.4538	5.6829	-0.6078	
	rdper	2.9661	6.4616	0.4590		-0.6996	5.8853	-0.1189	
	Rdsp2	15.5198 ***	3.2888	4.7190		1.8274	2.8432	0.6427	
	Rdper2	-1.6069	3.0372	-0.5291		0.3472	2.9584	0.1173	
	rdkl	0.0372	0.0678	0.5477		0.0002	0.0174	0.0139	
新材料产业	Constant	19.4149 ***	1.0356	18.7466	0.9999	19.2221 ***	2.8405	6.7671	0.9043
	rdspend	-33.5268 ***	0.9168	-36.5684		-8.9152	9.0267	-0.9876	
	rdper	-24.0651 ***	0.9031	-26.6464		10.6612	8.8035	1.2110	
	Rdsp2	16.3190 ***	0.4595	35.5124		4.5819	4.5108	1.0158	
	Rdper2	10.2796 ***	0.4830	21.2812		-5.6610	4.4057	-1.2849	
	rdkl	0.2156 ***	0.0218	9.8780		0.0325	0.0262	1.2427	

续表

行业	指标	以 patent 作为产出				以 revenue 作为产出			
		系数	标准差	T 值	γ 值	系数	标准差	T 值	γ 值
新能源产业	Constant	28.8943 ***	0.9859	29.3069	1.0000	11.9443 ***	4.4515	2.6832	0.5863
	rdspend	48.8992 ***	1.0959	44.6193		−10.6560 ***	0.9196	−11.5882	
	rdper	−73.8626 ***	1.4277	−51.7344		6.0800 ***	0.9040	6.7257	
	Rdsp2	−25.2676 ***	0.4916	−51.3985		5.5928 ***	0.4481	12.4810	
	Rdper2	36.3992 ***	0.5717	63.6698		−3.5585 ***	0.5573	−6.3854	
	rdkl	0.1147 ***	0.0133	8.5931		0.0563 *	0.0317	1.7758	
新能源汽车产业	Constant	−7.8296 ***	0.9997	−7.8318	1.0000	20.6124 ***	1.6388	12.5777	0.3568
	rdspend	−22.3315 ***	0.8960	−24.9222		11.9338 ***	1.2503	9.5449	
	rdper	123.7764 ***	0.9766	126.7461		−12.0302 ***	1.0569	−11.3820	
	Rdsp2	11.4961 ***	0.4581	25.0960		−6.0134 ***	0.5961	−10.0875	
	Rdper2	−61.9610 ***	0.9005	−68.8087		5.7241 ***	0.5362	10.6749	
	rdkl	0.0166	0.0652	0.2548		0.0562 ***	0.0069	8.1960	
新一代信息技术产业	Constant	7.8907 **	3.8904	2.0282	0.6955	23.3609	1.6370 ***	14.2707	0.0424
	rdspend	−13.4677 *	7.0741	−1.9038		5.6865	4.5393	1.2527	
	rdper	−2.8261	12.1609	−0.2324		−0.1082	9.4593	−0.0114	
	Rdsp2	6.6608 *	3.5342	1.8847		−2.8320	2.2579	−1.2543	
	Rdper2	0.4127	6.0849	0.0678		−0.1151	4.7739	−0.0241	
	rdkl	0.1045 ***	0.0292	3.5752		0.0213	0.0097 **	2.1920	

注：***、** 和 * 分别表示在 0.01、0.05 和 0.1 的显著性水平。

从结果可以看出，利用随机前沿模型拟合的战略性新兴产业各行业随机前沿分布函数并不一致，行业之间存在着较大的差异，证明战略性新兴产业技术创新效率存在行业异质性（吕岩威等，2014）。七个行业的回归结果中，研发资本存量和研发人员投入的二次项及交乘项系数大多都通过显著性检验，且较一次项系数更为显著，表明采用超越对数模型更为有效。值得注意的是，除了生物产业、高端装备制造产业（revenue 为产出）以及新一代信息技术产业（revenue 为产出）中 γ 值较小，其他行业的 γ 值表明技术无效率构成了随机误差项的主要部分，再次说明采用随机前沿方法的合理性。

本书进一步采用 Frontier4.1 软件测算了战略性新兴产业七个行业的技术创新效率，表 7-4 报告了各个行业 2015~2017 年行业企业技术创新效率年度均值以及三年的均值。总体而言，我国战略性新兴产业技术创新效率处于较低水平，以专利为产出的非市场化导向的技术创新效率均值为 0.3496，以主营业务收入为产出的市场化导向的技术创新效率均值为 0.4188。分开来看，2015~2017 年以专利作为创新产出的非市场化技术创新效率呈现出逐年递减的趋势，然而以主营业务收入作为创新产出得到的市场化技术创新效率则呈现逐年递增的趋势。这表明，这一期间我国战略性新兴产业企业技术创新主要围绕获取更多的市场化经济利益，而不是专注于企业自身的核心创新能力的提升。

表 7-4　战略性新兴产业七个主要行业技术创新效率

行业	以专利作为创新产出				以主营业务收入作为创新产出			
	2015 年	2016 年	2017 年	均值	2015 年	2016 年	2017 年	均值
高端装备制造	0.5894	0.3914	0.2433	0.4051	0.3318	0.3322	0.3894	0.3517
节能环保产业	0.3284	0.1431	0.0782	0.1832	0.4394	0.4904	0.5482	0.4927
生物产业	0.7791	0.7347	0.7121	0.7420	0.0272	0.0303	0.0357	0.0311
新材料产业	0.2780	0.0966	0.0372	0.1373	0.1793	0.1992	0.2357	0.2047
新能源产业	0.4660	0.2454	0.1486	0.2867	0.8167	0.8372	0.8791	0.8443
新能源汽车产业	0.7610	0.2376	0.1516	0.3834	0.8918	0.9147	0.9483	0.9183
新一代信息技术	0.4272	0.3030	0.1994	0.3098	0.0740	0.0885	0.1032	0.0886
总体	0.5184	0.3074	0.2243	0.3496	0.3943	0.4132	0.4485	0.4188

资料来源：笔者根据 Frontier4.1 整理。

　　具体到各行业，因为随机前沿方法测度的企业技术创新效率是行业内企业相对前沿面的相对效率值，而各个行业的前沿面并不相同，因此企业技术效率在行业之间并没有可比性。但是效率值越小，表明行业企业技术创新效率的提升空间越大。从表 7-4 可以看出，生物产业和新一代信息技术的市场化技术创新效率存在较大的提升空间。

第二节　产业政策工具对技术创新效率影响分析

一、模型设定

为了能够解释各个决策单元（企业）之间的技术效率差异，Battese 和 Coelli（1995）在式（7-7）的基础上引入了技术非效率函数，如式（7-10）所示：

$$\mu_{it} = \beta_i Z_{it} + \omega_{it} \tag{7-10}$$

式（7-10）中，Z_{it} 为影响技术非效率的各类因素；β_i 为各类影响因素的系数向量，若系数为负，说明该因素对技术效率的影响为正，反之则为负，且系数越大影响效果越大；ω_{it} 为随机误差项。

本书重点研究产业政策工具中政府补贴（sub）、税收优惠（tax）以及长期贷款增量（lloan）对企业技术创新效率的影响，但就企业层面而言，影响企业技术创新效率的因素多种多样，为了能够更清晰地界定各类政策工具的影响程度，添加了企业规模（size）、所有制结构（type）、企业现金持有量（cash）、企业资产负债率（alratio）、企业经营绩效（perf）和企业年龄（age）六个影响因子作为控制变量。因此，我们将技术创新效率影响因素分析模型设定如下：

$$\mu_{it} = \beta_0 + \beta_1 sub_{it} + \beta_2 tax_{it} + \beta_3 lloan_{it} + \beta_4 size_{it} + \beta_5 type_{it} + \beta_6 perf_{it} +$$
$$\beta_7 age_{it} + \beta_8 alratio_{it} + \beta_9 cash_{it} + \omega_{it} \tag{7-11}$$

其中，μ_{it} 为技术非效率项，β_i 为变量系数，ω_{it} 为随机误差项，其他变量均已说明。

二、数据来源和变量处理说明

(一) 数据来源

本节实证分析采用的数据在上节数据及输出结果基础上展开。其中，上市公司创新投入中的资本投入（rdspend）和人员投入（rdper）、创新产出中的专利产出（patent）和主营业务收入（revenue）、数据期间和行业分类方法均与上节保持一致。在模型中作为被解释变量的技术无效率项（μ_{it}）也来自上节中的计算结果。其他控制变量计算所用的数据均来自 Wind 数据库、国泰安数据库和锐思数据库。

（二）变量处理说明

本节实证分析过程中使用的变量包括被解释变量、解释变量和控制变量。其中，被解释变量为上节中使用随机前沿分析方法计算得到的无效率项。解释变量包括政府补贴（sub）、税收优惠（tax）和信贷支持（lloan）三种政策工具的代理变量以及企业所有制类型虚拟变量。其他企业层面的影响因素作为控制变量放入模型中。本书关注的是政府补贴、税收优惠、信贷支持以及所有制类型对不同行业技术创新效率的影响，其他变量不是本书关注的重点。

具体地，本节采用企业每年获得政府补贴金额占主营业务收入的比重衡量政府补贴（sub），采用企业年度实际税率衡量税收优惠（tax），采用企业年度长期借款增量（lloan）衡量信贷支持程度。其他变量选择与处理方法如表 7-5 所示。

表 7-5　变量说明

变量名	中文解释	处理方法
lnfpatent	滞后一期专利申请量	创新产出衡量指标，滞后一期三种专利申请量加 1 的自然对数值
sub	政府补贴	企业年度接受政府补贴占主营业务收入的比重
tax	实际税率	企业实际所得税税率，根据实际税率=（所得税费用-递延所得税费用）/（调整的税前会计利润-递延所得税费用/名义税率）得到
lloan	长期借款增量	企业长期借款增量，采用年度长期借款金额-上一年度长期借款金额
size	企业规模	企业规模，公司期末总资产的自然对数
type	所有制类型	企业产权性质，最终控制人性质为国有时，取值 1，否则为 0
age	企业年龄	企业成立年限，当年-成立时间+1
alratio	资产负债率	衡量企业资本结构，总负债/总资产
perf	企业经营绩效	盈利能力，净利润/主营业务收入
cash	现金流量	现金流，经营活动产生的现金流量净额/期初总资产

资料来源：笔者自制。

三、实证结果分析

(一)总体分析

表7-6报告了产业政策工具对战略性新兴产业七个行业技术创新效率的影响的回归结果及其显著性检验。从战略性新兴产业总体来看,产业政策工具(政府补贴、税收优惠和信贷支持,下同)对以专利作为创新产出的非市场技术创新效率的改善不存在显著影响(新能源产业除外),表明政府对战略性新兴产业直接或间接的行政干预对企业技术效率的提升并没有效果,甚至出现负面效应。尽管产业政策促进了战略性新兴产业创新产出的增加,但这是建立在更大规模的补贴、更大规模的税收优惠基础之上,进而导致以专利产出衡量的企业技术创新效率进一步恶化,呈现出逐年递减趋势。这从另外一个侧面印证了我国战略性新兴产业技术低端化、核心技术缺失的现实,现有的企业技术创新项目往往是针对单一产品或局部环节进行的,无法突破产业关键核心技术的制约(邢红萍和卫平,2013)。

表7-6 产业政策工具对企业技术创新效率影响分析

行业	指标	以 patent 作为创新产出			以 revenue 作为创新产出		
		系数	方差	T 值	系数	方差	T 值
高端装备制造产业	常数项	−15.4717	12.2568	−1.2623	9.6205	1.5609	6.1635
	政府补贴	−14.9220	24.9984	−0.5969	7.7545 ***	1.7514	4.4275
	税收优惠	−0.0959	0.1555	−0.6168	−0.0168	0.0257	−0.6520
	信贷支持	4.8139	8.5108	0.5656	2.5386 **	1.0411	2.4385
	所有制类型	−0.7611	0.9966	−0.7637	−0.0498	0.1020	−0.4884
	控制变量	控制	控制	控制	控制	控制	控制
节能环保产业	常数项	−10.8523 *	6.0502	−1.7937	15.1855 ***	1.2085	12.5660
	政府补贴	12.8009	12.5831	1.0173	14.4664 ***	1.0099	14.3250
	税收优惠	0.0087	0.0143	0.6076	−0.0003	0.0057	−0.0513
	信贷支持	−1.2918	2.9903	−0.4320	1.8240 ***	0.1028	17.7370
	所有制类型	0.0852	0.3241	0.2630	0.0479	0.0523	0.9166
	控制变量	控制	控制	控制	控制	控制	控制

续表

行业	指标	以 patent 作为创新产出			以 revenue 作为创新产出		
		系数	方差	T 值	系数	方差	T 值
生物产业	常数项	−8.6909*	5.0058	−1.7362	23.0628***	1.0411	22.1521
	政府补贴	9.5596	7.9072	1.2090	11.1350***	1.3612	8.1800
	税收优惠	−0.5270**	0.2412	−2.1849	−0.1670***	0.0634	−2.6322
	信贷支持	1.8031	1.7709	1.0182	1.7862***	0.5278	3.3845
	所有制类型	0.5734***	0.2081	2.7558	−0.0952*	0.0532	−1.7893
	控制变量	控制	控制	控制	控制	控制	控制
新材料产业	常数项	−3.1490**	1.3594	−2.3164	15.6501***	1.5322	10.2144
	政府补贴	−0.3513	1.0095	−0.3480	16.5717***	2.8557	5.8031
	税收优惠	0.2420	0.2872	0.8428	0.0036	0.0771	0.0465
	信贷支持	0.4189	1.0032	0.4175	0.2031	0.8316	0.2442
	所有制类型	−0.0737	0.3273	−0.2251	−0.1744**	0.0902	−1.9334
	控制变量	控制	控制	控制	控制	控制	控制
新能源产业	常数项	12.2769***	1.7610	6.9715	6.1920	5.4772	1.1305
	政府补贴	−2.0522*	1.1664	−1.7595	1.2708	1.5432	0.8235
	税收优惠	−1.5561	0.9836	−1.5820	−1.1858	2.0608	−0.5754
	信贷支持	−7.6411***	2.3120	−3.3049	−1.2479	1.4000	−0.8913
	所有制类型	−1.7789***	0.3882	−4.5821	0.0025	0.3684	0.0067
	控制变量	控制	控制	控制	控制	控制	控制
新能源汽车产业	常数项	−0.0184	0.9971	−0.0185	0.5660	1.1518	0.4914
	政府补贴	0.0027	1.0000	0.0027	−0.2607	1.0706	−0.2435
	税收优惠	0.0536	1.0025	0.0535	0.4618	0.7581	0.6091
	信贷支持	0.0352	1.0013	0.0352	−0.8794	1.5884	−0.5537
	所有制类型	0.0582	0.9878	0.0589	−0.0618	0.2983	−0.2071
	控制变量	控制	控制	控制	控制	控制	控制
新一代信息技术产业	常数项	−0.0697	3.5004	−0.0199	20.3363***	1.2898	15.7669
	政府补贴	−1.4505	2.5108	−0.5777	4.8115***	0.2989	16.0979
	税收优惠	−0.2234	0.2317	−0.9640	−0.0381	0.0242	−1.5742
	信贷支持	−0.4071	2.7608	−0.1475	1.9552**	0.8294	2.3573
	所有制类型	−0.2656	0.2576	−1.0313	−0.2217***	0.0387	−5.7225
	控制变量	控制	控制	控制	控制	控制	控制

注：***、**和*分别表示在 0.01、0.05 和 0.1 的显著性水平。

与非市场导向的技术创新不同，产业政策对以企业主营业务收入作为创新产出的市场导向技术创新效率具有显著影响。本书认为，我国战略性新兴产业企业研发投入结构中产品开发是企业资金最重要的投向，其次才是技术研发。因此，相同支持措施下，导致主营业务收入衡量的创新产出水平明显高于以专利衡量的创新产出水平，各因素对市场化导向技术创新效率影响显著性高于非市场导向技术创新效率即在情理之中了。

（二）政策工具支持企业技术创新效率分析

本书发现，政府补贴与企业市场化技术创新效率呈反向变动关系，即享受政府补贴越多的企业，其技术创新效率越低。之所以出现这种状况，本书认为：①政府补贴的事前补贴方式导致灵活性不足。当前针对战略性新兴产业的政府补贴资金多以项目、产业、研发补贴和市场补贴等事前补贴的方式流向战略性新兴产业，这种"一刀切"的补贴方式未能降低资金的使用效率，使仅有的政府补贴资金在支持企业技术创新上发挥的作用有限。而地方政府对补贴资金的过度干预进一步扭曲了补贴资金的使用效率，地方政府的短期"政绩观"和企业获取更多补贴资金的冲动，使企业热衷于低水平的简单初级项目上投资，其技术创新效率自然会降低，而且获得政府补贴资金越多的企业，往往是产能过剩严重、行业技术水平一般的企业。②政府补贴作为我国扶持战略性新兴产业发展的重要方式，针对产品的补贴占较大比重（陆国庆，2014），企业已经熟悉了政府政策工具的使用方式，可能通过发送虚假"创新类型"信号的方式获取政府补贴等支持，与之相应的是企业为获取补贴而加大投资，扩张低效产能，造成市场导向技术创新效率的下降。我国新能源汽车产业①骗补事件清晰刻画了这种政企博弈关系。相比之下，税收优惠既有研发环节的减税措施，亦有最终产品的减税措施，能够更好地激励企业创新投入和市场化导向技术创新效率提升。

理论上，税收优惠政策能够通过减轻企业负担、缓解融资约束的方式激励企业技术创新的积极性。但在本书研究的战略性新兴产业七个行业中，税收优惠政策仅对生物产业技术创新效率提升具有正向影响，而对另外几个产业企业技术创新效率不存在显著影响。之所以出现这种现象，本书认为可能是以下原

---

① 表中新能源汽车产业各项影响因素的系数均不显著，与该产业相应的上市公司样本数量较少有关（仅6家）。

因：①我国战略性新兴产业的税收优惠政策激励目标不明确、针对性不强。当前战略性新兴产业政策继承了原有的高技术产业支持政策，缺乏针对科技创新的专项支持政策，仅有技术开发费用加计扣除、技术创新所需固定资产的加速折旧和科技创新免征品的关税豁免政策是直接针对技术创新的税收政策，其他税收政策则是针对企业所得税、增值税或产业层面的优惠政策。这使针对设备更新、科技研发和孵化器的支持政策少且力度小，而一些企业的非技术投入也享受了税收政策的优惠。这导致一些企业不是在科技创新上下功夫，而是在"新产品""高科技企业""先进企业"等认定方面下功夫，钻政策的空子，使税收优惠政策的激励效应不强。②地区竞争加剧了地方政府税收优惠政策的滥用，使各项政策协调性不足。为了促进本地经济的转型发展，地方政府竞相采用各类财政支持措施。各地税收优惠政策具有浓重的地方色彩且口径不一致，弱化了税收优惠政策的导向性，进一步削弱了企业技术创新效率的提升。③在政策设计细节方面，未能统筹考虑战略性新兴产业在各个发展阶段的政策需求，充分利用优惠退税、税率优惠、税收抵免、税收减免和税收豁免等灵活多样的激励政策，对战略性新兴产业要素投入、成果转化、产品销售等阶段发挥出税收灵活的引导和激励作用。目前对相关企业的税收优惠主要集中在成果转化期，虽然研发费用可加计扣除或者研发形成可以加计摊销，但对初期发展阶段企业亏损或盈利不足无相关优惠，对企业在技术研发投资上可能面临的失败，税收上没有更多的考虑，关键阶段得不到扶持。

表7-6显示，信贷支持对战略性新兴产业企业技术创新效率提升具有显著的正向作用，即在样本企业中，受信贷支持力度越大的企业技术创新效率越高。这再次表明战略性新兴产业因为其高风险和创新外部性导致的资金短缺制约了企业技术创新效率的提升。与政府补贴和税收优惠相比，信贷资金作为企业自身的负债，体量更大，也更能够被企业自身掌控和支配，最终决定信贷资金发挥作用大小的是信贷资源的可得性。

第三节　本章小结

基于前文的研究，本书发现产业政策工具对战略性新兴产业企业技术创新投入具有显著的影响，但对技术创新产出的促进作用却不显著，甚至存在显著的负向作用。为检验产业政策对战略性新兴产业企业技术创新能力水平的影响，本书利用随机前沿分析方法测算了 2015～2017 年样本企业分行业（七大产业）的技术创新效率，并进一步利用回归方法检验了政策工具对企业技术创新效率变化的影响效应。

根据各行业技术创新效率测算结果，本书发现以专利作为创新产出的非市场导向技术创新效率呈现逐年递减的趋势，而以主营业务收入作为创新产出得到的市场化技术创新效率则呈现逐年递增的趋势。这说明这一期间我国战略性新兴产业企业技术创新主要围绕获取更多的市场化经济利益，而不是专注于企业自身的核心创新能力的提升。

进一步的影响因素分析发现，政府补贴与企业市场化技术创新效率呈反向变动关系；税收优惠政策仅对生物产业技术创新效率提升具有正向影响，而对另外几个产业企业技术创新效率不存在显著影响；信贷支持对战略性新兴产业企业技术创新效率提升具有显著的正向作用，即受信贷支持力度越大的企业技术创新效率越高。实证结果表明，资金约束仍然是制约企业技术效率提升的关键因素。政府补贴和税收优惠对战略性新兴产业企业技术创新效率的提升影响并不显著，这种极强的行政干预手段尽管提升了企业创新产出，但是以更大规模的技术创新投入实现的，并没有带来资源配置效率的提升，反而造成了创新资源浪费。此外，政企博弈、央地博弈和政策设计均影响了产业政策对企业技术创新效率提升的促进作用。

第八章
主要结论与政策建议

第一节　主要结论

　　培育和发展战略性新兴产业是我国经济实现转型发展的关键之举，而技术创新是战略性新兴产业企业的重要特征。为弥补创新带来的外部性和保护幼稚产业，"十二五"以来，中央和地方政府密集出台政策扶持战略性新兴产业的发展，基本建立了相对完善的扶持政策体系，涉及的政策工具多种多样，政策类型包括供给型政策、环境型政策和需求型政策。本书采用双重差分模型和混合回归方法，利用2009~2014年战略性新兴产业上市公司数据检验了产业政策与企业技术创新之间的直接影响机制和影响效应，并进一步利用随机前沿分析方法测算了2015~2017年上市公司技术创新效率，分析了政策工具对企业技术创新的影响机制。在具体研究过程中，本书深入讨论了产业政策对不同所有制企业的影响效应，得到的主要结论如下：

　　（1）我国是世界上使用产业政策最多的国家，产业政策遍布各个产业的各个环节。党的十八大以来的产业政策目标主要服务于经济高质量发展和转型升级，产业政策模式由选择性产业政策向功能性政策转型，政策工具更加丰富，产业政策的制定和实施更多向市场化、法治化和普惠化转型。"支持技术创新"被放在更加重要的位置。我国战略性新兴产业已经形成了相对完善的政策支持体系。统计显示，现有战略性新兴产业扶持政策主要集中在环境型政策，且以目标规划为主，但与产权保护相关的环境型政策较少，七大行业环境型政策措施分布不均。但是其发展过程中仍然暴露出众多问题，尤其是技术创新方面，存在诸如核心技术缺失、金融支持不足、政府干预失当等问题。

（2）当前战略性新兴产业政策在一定程度上能够促进企业技术创新，但仅仅是技术创新投入和产出成比例地增加，甚至是创新产出增长低于创新投入的增速，进一步说明企业技术创新转化能力存在障碍。战略性新兴产业扶持政策能够显著地提高企业的研发强度和发明专利产出，但对企业专利总量增加影响并不显著。区分不同的所有制水平，发现产业政策能够促进国有企业和民营企业的研发强度和发明专利产出，以及民营企业专利产出总量。并且与其他制造业企业相比，战略性新兴产业政策能够显著地提升企业的技术创新投入，但对发明专利这类创新产出却是显著的负向影响。这表明战略性新兴产业企业创新在投入向产出转化方面（即企业技术创新能力）存在一定的问题，在创新投入显著增加的条件下却并未带来产出的显著增长。

（3）不同政策工具促进企业技术创新的机制不同，影响效应也有大有小，甚至存在负向影响。具体地，市场竞争能够显著地促进企业技术创新投入和创新产出，尤其是国有企业的创新水平；政府补贴对战略性新兴产业企业技术创新投入和创新产出均没有显著影响；税收优惠政策能够显著提高企业创新投入水平尤其是国有企业的创新投入水平，以及民营企业专利总量产出；信贷支持政策则能够显著增强民营企业的研发强度，对其他企业的创新投入和产出均不构成显著影响。这表明战略性新兴产业的发展离不开政府的政策支持，尤其是技术创新方面。市场竞争才是促进企业技术创新的最为主要和有效的动力来源，与其他制造业行业相比，政府针对战略性新兴产业实施的政府补贴、税收优惠和信贷支持并未给产业内企业技术创新投入和产出带来显著的影响。一方面，可能缘于战略性新兴产业尚处于培育阶段，相对于原有的成熟的制造业而言还比较弱小，急需政府的政策扶持措施。另一方面，新兴产业多属于技术密集型产业，创新带来的正外部性更强，当前的支持政策仅仅能够激励其维持正常的创新水平。与国有企业相比，民营企业在技术创新方面面临更强的资金约束，但其创新转化能力要好一些。

（4）根据测算结果，2015~2017年我国战略性新兴产业各行业上市公司以专利作为创新产出的非市场导向技术创新效率呈现逐年递减的趋势，而以主营业务收入作为创新产出得到的市场化技术创新效率则呈现逐年递增的趋势。这说明这一期间我国战略性新兴产业企业技术创新主要围绕获取更多的市场化经济利益，而不是专注于企业自身的核心创新能力的提升。进一步的影响因素分析发现，政府补贴与企业市场化技术创新效率呈反向变动关系；税收优惠政策仅对生物产业技术创新效率提升具有正向影响，而对另外几个产业企业技术创新效率不存在显著影响；信贷支持对战略性新兴产业企业技术创新效率提升具有显著的正向作用，即受信贷支持力度越大的企业技术创新效率越高。这说明资金约束仍然是制约企业技术效率提升的关键因素。政府补贴和税收优惠对战略性新兴产业企业技术创新效率的提升影响并不显著，这种极强的行政干预手段尽管提升了企业创新产出，但是以更大规模的技术创新投入实现的，并没有带来资源配置效率的提升，反而造成了创新资源浪费。此外，政企博弈、央地博弈和政策设计均影响了产业政策对企业技术创新效率提升的促进作用。

第二节　政策建议

（1）明确产业政策实施边界，形成产业政策公平竞争性审查机制，及时废止和清理对市场竞争"有害"的产业政策。产业政策实际上是政府干预经济的一种手段，其对经济的干预有一定的必要性，尤其是在弥补市场失灵和保护幼稚产业发展方面。但市场具有不可替代的作用，产业发展也自有其内在规律，通过制定详细的产业政策来安排产业的发展，客观上引导资源配置到政府选择的产业，促进了产业规模的扩大。但正如本书研究得出的结论，我国完善的产业政策体系背后是产业政策的"面面俱到"和"无孔不入"，政府"有形之手"已经影响了（在某些领域甚至严重制约了）市场"无形之手"在资源配置中的决定性作用，加之市场竞争在维护社会公平、促进企业技术创新方面具有显著效果，因此本书建议，应当进一步明确产业政策边界，强化政府"守夜人"角色，减少其过多直接干预经济运行；形成有效的产业政策公平竞争性审查机制；仅有的政府干预应以有利于增进市场机制的有效运行和弥补市场缺陷为准则，不能阻碍或限制市场有效竞争，更不能完全替代市场机制；做好现有产业政策的清理工作，及时废止不具备时效性和对市场竞争"有害"的产业政策。

（2）转变政策支持方式，产业政策向创新政策收敛的同时，选择恰当的产业政策工具支持战略性新兴产业技术创新。我国产业政策类型繁多，但落脚到具体的政策工具上则相对单一。例如，我国政府在培育和发展战略性新兴产业方面主要的关注点集中在企业资金约束方面，除了旨在优化市场营商环境和规范市场秩序的环境型政策以外的几乎所有政策，包括政府补贴、税收优惠和信贷支持等都是通过缓解企业面临的资金约束而实施的。实际上这属于"头痛医头、脚痛医脚"的无奈之举，短期内带动或促进了企业创新投入的增加，但并未给企业带来更多的创新产出。政策工具的使用要"正本清源"，回归政策扶持的初衷。从整体上看，产业政策，尤其是战略性新兴产业的相关政策，要向创新政策收敛。例如，政府应更注重对于具有较好的创新外溢效应的产业链的补贴，这种以创新产出为导向的产业创新扶持模式则能从根本上克服传统补贴模式的不足，进一步聚焦企业技术创新能力的提升，把握政策实施的节奏和力度，实现产业政策激励有效、扶持有度，引导企业技术创新迈向新高度。政策工具选择应当避免"一刀切"式的资金支持，避免企业通过释放虚假创新信号获取政府政策支持。

（3）产业政策支持企业技术创新应当以提升企业技术创新效率为目标。培育和发展战略性新兴产业，实现产业扩张和技术创新是双重目标，而且实现核心技术突破和产业转型升级更为重要。从我国战略性新兴产业发展的实践来看，产业政策在促进产业发展的同时促进了企业研发强度和创新产出的增加，但对提高企业技术创新效率的作用并不明显，产业政策自身缺陷导致"政策失灵"是其中一方面原因，与企业自身创新能力的固有缺陷不无关系。因此，面向未来的战略性新兴产业的扶持政策，首先应当确立促进创新效率提升的目标导向，避免为实现短期目标而将资源浪费在单纯的数量扩张和低水平重复上。其次，强化针对企业自身创新能力建设的政策引导。对于大型企业，政府应引导其更多地进行产业关键核心技术的创新，实现重大技术的突破，掌握自主知识产权，具体来看：创新能力较强、与国外技术差距较小产业的大型企业，技术创新模式宜采用领先模式，从而控制技术的发展方向；与国外技术差距较大产业的大型企业，技术创新宜采用跟随模式，随着不断地学习和创新经验的积累，逐步缩小与发达国家的差距，随后再采取赶超式的技术创新模式。而我国中小型企业，尤其是科技型中小型企业，应当以解决其面临的融资约束为重点，直接融资和间接融资支持并重。通过加速资本市场注册制改革、降低中小企业上市融资门槛等政策措施优化中小企业的直接融资环境；通过增加政府贴息、开发新型金融产品等措施优化中小企业的间接融资环境。最后，推进国有企业混合所有制改革，建立更加符合国际规则的现代企业管理制度和绩效考核制度，将技术创新效率纳入国有企业考核指标体系，提升国有企业技术创新的积极性。

（4）强化政策工具的精准运用，细化政策扶持标准。我国产业政策工具多种多样，本书重点研究了政府补贴、税收优惠和金融支持以及增进市场竞争工具。研究结果表明，各类政策工具在促进企业技术创新方面能够发挥一定的作用，但作用的显著性不强，尤其不能推动企业技术创新效率的提升。因此，政府应当强化政策工具的精准运用，按照产业政策不同对象制定不同的扶持标准。其中，普惠性政策应当强化其公平性，使所有符合标准的企业（无论是何种体量、何种所有制类型的企业），能够被公平地对待，避免厚此薄彼。通过产业政策市场竞争审查的选择性政策，应当细化其扶持标准。政策设计应充分考虑政府与企业之间的博弈情景，避免类似新能源汽车骗补的情形再次出现，更加精确高效地配置资源。

第三节　研究不足及未来研究展望

本书在系统研究我国产业政策体系的基础上，重点研究了部分产业政策工具对我国战略性新兴产业企业技术创新投入、产出和效率的影响，并得出了一些有意义的研究结果。但仍然存在一定的局限性，主要包括以下几个方面：

一是企业技术创新是多方面的，虽然本书尝试利用企业研发投入、产出和效率来衡量企业的创新，但是其依然无法全面衡量企业的创新水平。如何更好、更充分地衡量企业创新水平，还有待进一步地研究。

二是企业技术创新水平不仅受到外部产业政策的影响，同时也受到企业内部组织结构、管理模式、人员结构等众多因素的影响。外部环境表现出的空间异质性，也会直接或间接地影响企业技术创新水平。反过来，由于行业自身创新水平和发展周期等遗漏变量可能会影响到国家产业政策标准的制定，尽管本书尝试利用一些方法进行控制，但是可能依然无法很好地解决这一内生性问题。如何克服宏观经济活动中遗漏变量等因素导致的内生性问题，识别产业政策和企业技术创新之间的因果联系，还有待今后进一步地研究。

三是战略性新兴产业扶持是一项复杂的系统工程，其支撑体系的构建并不是某一单项政策或措施可以起效的，在这方面的研究和探索仍是一项非常有意义的工作。

参考文献

［1］ Ito, T. The Japanese Economy ［M］. MIT Press, 1992.

［2］ Afriat, S. N. Efficiency Estimation of Production Functions ［J］. International Economic Review, 1972 （13）: 568-598.

［3］ Aghion, Philippe, Jing Cai, Mathias Dewatripont, Luosha Du, Ann Harrison, Patrick Legros. Industrial Policy and Competition ［J］. American Economic Journal: Macroeconomics, 2015, 7 （4）: 1-32.

［4］ Aigner, D. J., S. F. Chu. On Estimating the Industry Production Function ［J］. American Economic Review, 1968 （58）: 826-839.

［5］ Aigner, D. J., C. A. K Lovell, P. Schmidt. Formulation and Estimation of Stochastic Frontier Production Function Models ［J］. Journal of Econometrics, 1977 （6）: 21-37.

［6］ Arrow, K. J. The Economic Implications of Learning by Doing ［J］. The Review of Economic Studies, 1962 （29）: 155-173.

［7］ Carman, J. M., Dominguez, L. V. Organizational Transformations in Transition Economies: Hypotheses ［J］. Journal of Macromarketing, 2001 （21）: 164-180.

［8］ Charnes A., Cooper W. W., Rhodes E. Measuring the Efficiency of Decision Making Units ［J］. European Journal of Operational Research, 1978, 2 （6）: 429-444.

［9］ Chen, C. T., et al. Using DEA to Evaluate R&D Performance of the Computers and Peripherals Firms in Taiwan ［J］. International Journal of Business, 2004, 9 （4）: 261-288.

［10］ Cornaggia, J., Y. Mao, X. Tian, B. Wolfe. Does Banking Competition Affect Innovation ［J］. Journal of Financial Economics, 2015, 115 （1）: 189-209.

［11］ Criscuolo, C., R. Martin, H. G. Overman, J. Van Reenen. The Causal Effects of an Industrial Policy ［M］. Social Science Electronic Publishing, 2012.

〔12〕 Evans, F. E. Enbedded Autonomy 〔M〕. Princeton University Press, 1995.

〔13〕 Greenwald, B., J. E. Stiglitz. Industrial Policies, the Creation of a Learning Society, and Economic Development 〔A〕//The Industrial Policy Revolution I. Edited by J. E. Stiglitz, J. Y. Lin. UK: Palgrave Macmillan, 2013.

〔14〕 Griliches, Z. The Search for R&D Spillovers 〔J〕. Scandinavian Journal of Economics, 1992, 94 (Supplement): 29-47.

〔15〕 Harold Demsetz. Information and Efficiency: Another Viewpoint 〔J〕. The Journal of Law and Economics, 1969, 12 (1): 1-22.

〔16〕 Hough, J. F. The Soviet Union and Social Science Theory 〔M〕. Cambridge: Harvard University Press, 1977.

〔17〕 Johnson, C. A. MITI and the Japanese Miracle 〔M〕. Stanford University Press, 1982.

〔18〕 Jorgenson, Dale W., Zvi Griliches. The Explanation of Productivity Change 〔J〕. Review of Economic Studies, 1967 (34): 349-383.

〔19〕 Kruger, A. D. Political Economy of Policy Reform in Developing Countries 〔M〕. MIT Press, 1993.

〔20〕 Lampton, D. M., S. C. Yeung. Paths to Power: Elite Mobility in Contemporary China 〔R〕. Ann Arbor: University of Michigan's Center for Chinese Studies, 1986.

〔21〕 Lee, Y. S. Technology Transfer' and the Research University: A Search for the Boundaries of University-Industry Collaboration 〔J〕. Research Policy, 1996, 25 (6): 843-863.

〔22〕 Lin, Justin Yifu, Ha-Joon Chang. DRP Debate: Should Industrial Policy in Developing Countries Conform to Comparative Advantage or Defy It? 〔J〕. Development Policy Review, 2009, 27 (5): 483-502.

〔23〕 Meeusen, W., Broeck, J. Efficiency Estimation from Cobb-Douglas Production Functions with Composed Error 〔J〕. International Economic Review, 1977 (18): 435-444.

〔24〕 Powell, B. State Development Planning: Did It Create an East-Asian Miracle? 〔J〕. The Review of Austrian Economics, 2005, 18 (3-4): 305-323.

〔25〕 Sharma, S., Thomas, V. J. Intercountry R&D Efficiency Analysis: Application of Data Envelopment Analysis 〔J〕. Scientometrics, 2008, 76 (3): 483-501.

［26］Stiglitz, Joseph E. , Justin Yifu Lin, Monga Célestin. The Rejuvenation of Industrial Policy ［R］. World Bank Policy Research Working Paper, 2013.

［27］Tong, T. , W. He, Z. L. He, J. Lu. Patent Regime Shift and Firm Innovation: Evidence from the Second Amendment to China's Patent Law ［J］. Academy of Management Proceedings, 2014 (1): 14174.

［28］Tullock, G. The General Irrelevance of the General Impossibility Theorem ［J］. The Quarterly Journal of Economics, 1967, 81 (2): 256-270.

［29］安同良, 周绍东, 皮建才. R&D 补贴对中国企业自主创新的激励效应 ［J］. 经济研究, 2009, 44 (10): 87-98, 120.

［30］白恩来. 产业政策的宏观有效性与微观异质性实证分析 ［J］. 科研管理, 2018, 39 (9): 11-19.

［31］白俊红, 江可申, 李婧. 应用随机前沿模型评测中国区域研发创新效率 ［J］. 管理世界, 2009 (10): 51-61.

［32］白雪洁, 孟辉. 新兴产业、政策支持与激励约束缺失——以新能源汽车产业为例 ［J］. 经济学家, 2018 (1): 50-60.

［33］白云朴, 惠宁. 企业自主创新成果产业化评价体系构建研究 ［J］. 社会科学研究, 2013 (1): 23-26.

［34］布坎南. 自由、市场与国家 ［M］. 上海: 三联书店, 1998.

［35］曹平, 王桂军. 选择性产业政策、企业创新与创新生存时间——来自中国工业企业数据的经验证据 ［J］. 产业经济研究, 2018 (4): 26-39.

［36］曾方. 技术创新中的政府行为——理论框架和实证分析 ［D］. 复旦大学博士学位论文, 2003.

［37］查默斯·约翰逊. 产业政策争论 ［J］. 加州管理评论, 1984, 27 (1): 71-89.

［38］陈冬华, 李真, 新夫. 产业政策与公司融资——来自中国的经验证据 ［C］. 2010 中国会计与财务研究国际研讨会论文集, 2010.

［39］陈瑾玫. 中国产业政策效应研究 ［D］. 辽宁大学博士学位论文, 2007.

［40］陈林, 伍海军. 国内双重差分法的研究现状与潜在问题 ［J］. 数量经济技术经济研究, 2015, 32 (7): 133-148.

［41］陈修德, 梁彤缨. 中国高新技术产业研发效率及其影响因素——基于面板数据 SFPF 模型的实证研究 ［J］. 科学学研究, 2010, 28 (8): 1198-1205.

[42] 陈永清, 夏青, 周小樱. 产业政策研究及其争论述评 [J]. 经济评论, 2016 (6): 150-158.

[43] 池仁勇. 企业技术创新效率及其影响因素研究 [J]. 数量经济技术经济研究, 2003, 20 (6): 105-108.

[44] 储德银, 纪凡, 杨珊. 财政补贴、税收优惠与战略性新兴产业专利产出 [J]. 税务研究, 2017 (4): 99-104.

[45] 储德银, 杨姗, 宋根苗. 财政补贴、税收优惠与战略性新兴产业创新投入 [J]. 财贸研究, 2016, 27 (5): 83-89.

[46] 戴晨, 刘怡. 税收优惠与财政补贴对企业 R&D 影响的比较分析 [J]. 经济科学, 2008 (3): 58-71.

[47] 丁任重, 陈姝兴. 中国区域经济政策协调的再思考——兼论 "一带一路" 背景下区域经济发展的政策与手段 [J]. 南京大学学报 (哲学·人文科学·社会科学), 2016, 53 (1): 26-33, 157.

[48] 段小华. 战略性新兴产业的投入方式、组织形式与政策手段 [J]. 改革, 2011 (2): 89-94.

[49] 范从来, 梁上坤, 王宇伟等. 拓展 "宏观经济政策与微观企业行为" 研究——第二届 "宏观经济政策与微观企业行为" 学术研讨会综述 [J]. 经济研究, 2014 (1): 186-190.

[50] 方芳. 我国战略性新兴产业效率的测算 [J]. 统计与决策, 2014 (24): 124-126.

[51] 冯发贵, 李隋. 产业政策实施过程中财政补贴与税收优惠的作用与效果 [J]. 税务研究, 2017 (5): 53-60.

[52] 冯根福, 刘军虎, 徐志霖. 中国工业部门研发效率及其影响因素实证分析 [J]. 中国工业经济, 2006 (11): 46-51.

[53] 冯宗宪, 王青, 侯晓辉. 政府投入、市场化程度与中国工业企业的技术创新效率 [J]. 数量经济技术经济研究, 2011, 28 (4): 3-17, 33.

[54] 顾昕, 张建君. 挑选赢家还是提供服务?——产业政策的制度基础与施政选择 [J]. 经济社会体制比较, 2014 (1): 231-241.

[55] 官建成, 陈凯华. 我国高技术产业技术创新效率的测度 [J]. 数量经济技术经济研究, 2009, 26 (10): 19-33.

[56] 郭玥. 政府创新补助的信号传递机制与企业创新 [J]. 中国工业经济, 2018 (9): 98-116.

［57］韩超，孙晓琳，肖兴志．产业政策实施下的补贴与投资行为：不同类型政策是否存在影响差异？［J］．经济科学，2016（4）：30-42.

［58］韩乾，洪永淼．国家产业政策、资产价格与投资者行为［J］．经济研究，2014（12）：143-158.

［59］韩永辉，黄亮雄，王贤彬．产业政策推动地方产业结构升级了吗？——基于发展型地方政府的理论解释与实证检验［J］．经济研究，2017（8）：35-50.

［60］何维达，杜鹏娇．战略性新兴产业安全评价指标体系研究［J］．管理现代化，2013（4）：22-24.

［61］侯方宇，杨瑞龙．新型政商关系、产业政策与投资"潮涌现象"治理［J］．中国工业经济，2018，362（5）：63-80.

［62］胡凯，吴清．R&D税收激励产业政策与企业生产率［J］．产业经济研究，2018（3）：115-126.

［63］华文．集思广益：战略性新兴产业的科学内涵与领域［J］．新湘评论，2010（11）：12-15.

［64］黄海霞，张治河．中国战略性新兴产业的技术创新效率——基于DEA-Malmquist指数模型［J］．技术经济，2015，34（1）：21-27，68.

［65］黄汉权，任继球．新时期我国产业政策转型的依据与方向［J］．经济纵横，2017（2）：27-32.

［66］黄汉权等．新时期中国产业政策转型：理论与实践［M］．北京：中国社会科学出版社，2017.

［67］黄少安．《新结构经济学》侧评［J］．经济学（季刊），2013，12（3）：1085-1086.

［68］黄贤凤，武博，王建华．中国八大经济区工业企业技术创新效率及其影响因素研究［J］．中国科技论坛，2013（8）：90-97.

［69］贾根良．开创大变革时代国家经济作用大讨论的新纲领——评马祖卡托的《企业家型国家：破除公共与私人部门的神话》［J］．政治经济学报，2017（8）：123-132.

［70］江飞涛，李晓萍．直接干预市场与限制竞争：中国产业政策的取向与根本缺陷［J］．中国工业经济，2010（9）：26-36.

［71］江飞涛，李晓萍．当前中国产业政策转型的基本逻辑［J］．南京大学学报（哲学·人文科学·社会科学），2015，52（3）：17-24，157.

［72］江飞涛，李晓萍．改革开放四十年中国产业政策演进与发展——兼论中国产业政策体系的转型［J］．管理世界，2018，34（10）：73-85．

［73］江小涓．世纪之交的工业结构升级［M］．上海：上海远东出版社，1996．

［74］江小涓．吸引外商投资，促进高新技术产业的发展［J］．对外经贸研究，2000（1）：9-20．

［75］江小涓．经济转轨时期的产业政策［M］．上海：格致出版社，2014．

［76］姜大鹏，顾新．我国战略性新兴产业的现状分析［J］．科技进步与对策，2010，27（17）：65-70．

［77］姜江．世界战略性新兴产业发展的动态与趋势［J］．中国科技产业，2010（7）：54-59．

［78］今井贤一．日本的信息产业政策［J］．科技导报，1986（1）：16-19，26．

［79］金碚．基于价值论与供求论范式的供给侧结构性改革研析［J］．中国工业经济，2017（4）：5-16．

［80］黎文靖，李耀淘．产业政策激励了公司投资吗［J］．中国工业经济，2014（5）：122-134．

［81］黎文靖，郑曼妮．实质性创新还是策略性创新？——宏观产业政策对微观企业创新的影响［J］．经济研究，2016（4）：60-73．

［82］李冲．金融制度演进对企业技术创新的影响研究［D］．云南财经大学博士学位论文，2017．

［83］李红锦，李胜会．战略性新兴产业创新效率评价研究——LED产业的实证分析［J］．中央财经大学学报，2013（4）：75-80．

［84］李汇东，唐跃军，左晶晶．用自己的钱还是用别人的钱创新？——基于中国上市公司融资结构与公司创新的研究［J］．金融研究，2013（2）：170-183．

［85］李婧，谭清美，白俊红，岳良运．中国区域创新效率的随机前沿模型分析［J］．系统工程，2009，27（8）：44-50．

［86］李骏，刘洪伟，万君宝．产业政策对全要素生产率的影响研究——基于竞争性与公平性视角［J］．产业经济研究，2017（4）：119-130．

［87］李磊．政府补贴对中国新能源汽车产业技术创新的影响研究［D］．辽宁大学博士学位论文，2017．

[88] 李苗苗，肖洪钧，傅吉新．财政政策、企业 R&D 投入与技术创新能力——基于战略性新兴产业上市公司的实证研究 [J]．管理评论，2014，26（8）：135-144.

[89] 李平．重点产业结构调整和振兴规划研究——基于中国产业政策反思和重构的死角 [M]．北京：中国社会科学出版社，2018.

[90] 李胜会，刘金英．中国战略性新兴产业政策分析与绩效评价——"非政策失败理论"及实证研究 [J]．宏观经济研究，2015（10）：3-13.

[91] 李晓华，吕铁．战略性新兴产业的特征与政策导向研究 [J]．宏观经济研究，2010（9）：20-26.

[92] 李彦龙．税收优惠政策与高技术产业创新效率 [J]．数量经济技术经济研究，2018，35（1）：60-76.

[93] 连立帅，陈超，白俊．产业政策与信贷资源配置 [J]．经济管理，2015（12）：1-11.

[94] 梁琳．金融体系对技术创新的影响机制问题研究 [J]．税务与经济，2017（6）：44-48.

[95] 林毅夫，蔡昉，李周．中国的奇迹 [M]．上海：上海人民出版社，2014.

[96] 林毅夫，李永军．比较优势、竞争优势与发展中国家的经济发展 [J]．管理世界，2003（7）：21-28，66-155.

[97] 林毅夫，张军，王勇，寇宗来．产业政策：总结、反思与展望 [M]．北京：北京大学出版社，2018.

[98] 林毅夫．产业政策与我国经济的发展：新结构经济学的视角 [J]．复旦学报（社会科学版），2017，59（2）：148-153.

[99] 林毅夫．新结构经济学——重构发展经济学的框架 [J]．经济学（季刊），2011，10（1）：1-32.

[100] 林毅夫．新结构经济学与中国发展之路 [J]．中国市场，2012（50）：3-8.

[101] 刘澄，顾强，董瑞青．产业政策在战略性新兴产业发展中的作用 [J]．经济社会体制比较，2011（1）：196-203.

[102] 刘洪昌．中国战略性新兴产业的选择原则及培育政策取向研究 [J]．科学学与科学技术管理，2011，32（3）：87-92.

[103] 刘晖，刘轶芳，乔晗，胡毅．我国战略性新兴产业技术创新效率研

究［J］. 系统工程理论与实践，2015，35（9）：2296-2303.

［104］刘辉. 市场失灵理论及其发展［J］. 当代经济研究，1999（8）：39-43.

［105］刘继兵，王定超，夏玲. 政府补助对战略性新兴产业创新效率影响研究［J］. 科技进步与对策，2014，31（23）：56-61.

［106］刘迎春. 中国战略新兴产业技术创新效率实证研究——基于 DEA 方法的分析［J］. 宏观经济研究，2016（6）：43-48.

［107］刘志彪. 经济发展新常态下产业政策功能的转型［J］. 南京社会科学，2015（3）：33-41.

［108］柳剑平，郑绪涛，喻美辞. 税收、补贴与 R&D 溢出效应分析［J］. 数量经济技术经济研究，2005（12）：81-90.

［109］鲁文龙，陈宏民. 最优产业政策与技术创新［J］. 系统工程理论方法应用，2004（2）：97-99，105.

［110］陆国庆，王舟，张春宇. 中国战略性新兴产业政府创新补贴的绩效研究［J］. 经济研究，2014（7）：44-55.

［111］逯东，朱丽. 市场化程度、战略性新兴产业政策与企业创新［J］. 产业经济研究，2018（2）：65-77.

［112］吕明元. 产业政策、制度创新与具有国际竞争力的产业成长［J］. 经济社会体制比较，2007（1）：134-137.

［113］吕铁，余剑. 金融支持战略性新兴产业发展的实践创新、存在问题及政策建议［J］. 宏观经济研究，2012（5）：18-26.

［114］孟庆玺，尹兴强，白俊. 产业政策扶持激励了企业创新吗——基于"五年规划"变更的自然实验［J］. 南方经济，2016（12）：1-25.

［115］牛泽东，张倩肖. 中国装备制造业的技术创新效率［J］. 数量经济技术经济研究，2012，29（11）：51-67.

［116］钱雪松等. 产业政策、资本配置效率与企业全要素生产率——基于中国 2009 年十大产业振兴规划自然实验的经验研究［J］. 中国工业经济，2018（8）：42-59.

［117］任优生，邱晓东. 政府补贴和企业 R&D 投入会促进战略性新兴产业生产率提升吗［J］. 山西财经大学学报，2017，39（1）：55-69.

［118］芮明杰. 产业经济学［M］. 上海：上海财经大学出版社，2016.

［119］盛洪. 关于我国产业政策的几点看法［J］. 中国工业经济，1988（1）：34-39.

［120］石奇，孔群喜．实施基于比较优势要素和比较优势环节的新式产业政策［J］．中国工业经济，2012（12）：70-82．

［121］世界银行．东亚奇迹——经济增长与公共政策［M］．财政部世界银行业务司译．北京：中国财政经济出版社，1995．

［122］舒锐．产业政策一定有效吗？——基于工业数据的实证分析［J］．产业经济研究，2013（3）：45-54．

［123］宋常，严宏深．科技创新企业的外部性与政府补贴研究［J］．黑龙江社会科学，2008（1）：62-64．

［124］宋河发，万劲波，任中保．我国战略性新兴产业内涵特征、产业选择与发展政策研究［J］．科技促进发展，2010（9）：7-14．

［125］宋来胜，苏楠．政府研发资助、企业研发投入与技术创新效率［J］．经济与管理，2017，31（6）：45-51．

［126］宋凌云，王贤彬．产业政策如何推动产业增长——财政手段效应及信息和竞争的调节作用［J］．财贸研究，2017（3）：11-27．

［127］宋凌云，王贤彬．重点产业政策、资源重置与产业生产率［J］．管理世界，2013（12）：63-77．

［128］苏东水．产业经济学（第4版）［M］．北京：高等教育出版社，2015．

［129］孙福全，陈宝明．企业作为技术创新主体的特征研究［J］．中国科技论坛，2006（3）：13-16，26．

［130］孙早，席建成．中国式产业政策的实施效果：产业升级还是短期经济增长［J］．中国工业经济，2015（7）：52-67．

［131］孙早，肖利平．融资结构与企业自主创新——来自中国战略性新兴产业A股上市公司的经验证据［J］．经济理论与经济管理，2016（3）：45-58．

［132］田万苍．日本政府的产业政策［J］．日本研究，1986（3）：7-12．

［133］托马斯·普戈，魏世安．日本的产业政策：手段、趋势和效果［J］．国际经济评论，1986（4）：61-66．

［134］万钢．发展有中国特色风险投资　加快培育战略性新兴产业［J］．科学咨询（科技·管理），2010（9）：4-5．

［135］汪同三，齐建国．产业政策与经济增长［M］．北京：社会科学文献出版社，1996．

［136］王春法．技术创新政策：理论基础与工具选择［M］．北京：经济科

学出版社，1998.

[137] 王桂军，曹平."营改增"对制造业企业自主创新的影响——兼议制造业企业的技术引进 [J]. 财经研究，2018，44（3）：4-19.

[138] 王克敏，刘静，李晓溪. 产业政策、政府支持与公司投资效率研究 [J]. 管理世界，2017（3）：113-124，145，188.

[139] 王明海，李小静. 政府干预、外部投资与企业自主创新——基于信号传递视角的研究 [J]. 上海经济研究，2017（2）：9-16.

[140] 王宇，刘志彪. 补贴方式与均衡发展：战略性新兴产业成长与传统产业调整 [J]. 中国工业经济，2013（8）：57-69.

[141] 王允贵. 产业政策的中长期主题：发展中技术产业 [J]. 管理世界，2002（4）：7-10.

[142] 王争，史晋川. 转型时期中国工业生产绩效的地区差异及波动性的解释——基于随机前沿生产函数的分析 [J]. 世界经济文汇，2007（4）：29-45.

[143] 韦森. 探寻人类社会经济增长的内在机理与未来道路——评林毅夫教授的新结构经济学理论框架 [J]. 经济学（季刊），2013，12（3）：1051-1074.

[144] 邬龙，张永安. 基于 SFA 的区域战略性新兴产业创新效率分析——以北京医药和信息技术产业为例 [J]. 科学学与科学技术管理，2013，34（10）：95-102.

[145] 巫强，刘蓓. 政府研发补贴方式对战略性新兴产业创新的影响机制研究 [J]. 产业经济研究，2014（6）：41-49.

[146] 吴延兵. 用 DEA 方法评测知识生产中的技术效率与技术进步 [J]. 数量经济技术经济研究，2008（7）：67-79.

[147] 吴延兵. 中国工业产业创新水平及影响因素——面板数据的实证分析 [J]. 产业经济评论，2006，5（2）：155-171.

[148] 伍健，田志龙，龙晓枫，熊琪. 战略性新兴产业中政府补贴对企业创新的影响 [J]. 科学学研究，2018，36（1）：158-166.

[149] 武咸云，陈艳，杨卫华. 战略性新兴产业的政府补贴与企业 R&D 投入 [J]. 科研管理，2016，37（5）：19-23.

[150] 下河边淳，管家茂. 现代日本经济事典 [M]. 北京：中国社会科学出版社，1982.

[151] 肖文，林高榜. 政府支持、研发管理与技术创新效率——基于中国

工业行业的实证分析 [J]. 管理世界, 2014 (4): 71-80.

[152] 肖兴志, 谢理. 中国战略性新兴产业创新效率的实证分析 [J]. 经济管理, 2011, 33 (11): 26-35.

[153] 肖兴志. 中国战略性新兴产业发展研究 [M]. 北京: 科学出版社, 2011.

[154] 小宫隆太郎. 日本的产业政策 [M]. 北京: 国际文化出版公司, 1988.

[155] 邢红萍, 卫平. 我国战略性新兴产业企业技术创新特征分析——基于全国七省市战略性新兴产业企业问卷调查 [J]. 中国科技论坛, 2013 (7): 66-71, 91.

[156] 熊瑞祥, 王慷楷. 地方官员晋升激励、产业政策与资源配置效率 [J]. 经济评论, 2017 (3): 104-118.

[157] 徐海龙, 王宏伟. 科技型中小企业全生命周期金融支持研究——基于风险特征的分析视角 [J]. 科学管理研究, 2018, 36 (3): 56-59.

[158] 亚当·斯密. 国民财富的性质和原因的研究 (下卷) [M]. 北京: 商务印书馆, 2011.

[159] 闫志俊, 于津平. 政府补贴与企业全要素生产率——基于新兴产业和传统制造业的对比分析 [J]. 产业经济研究, 2017 (1): 1-13.

[160] 杨继东, 罗路宝. 产业政策、地区竞争与资源空间配置扭曲 [J]. 中国工业经济, 2018 (12): 5-22.

[161] 杨韶艳. "幼稚产业论"与中国幼稚产业政策的现实优化 [J]. 商业研究, 2006 (3): 200-202.

[162] 杨洋, 魏江, 罗来军. 谁在利用政府补贴进行创新？——所有制和要素市场扭曲的联合调节效应 [J]. 管理世界, 2015 (1): 75-86, 98, 188.

[163] 殷华方, 潘镇, 鲁明泓. 中国外商直接投资产业政策测量和有效性研究: 1979~2003 [J]. 管理世界, 2006 (7): 34-45.

[164] 余东华, 吕逸楠. 政府不当干预与战略性新兴产业产能过剩——以中国光伏产业为例 [J]. 中国工业经济, 2015 (10): 53-68.

[165] 余明桂, 范蕊, 钟慧洁. 中国产业政策与企业技术创新 [J]. 中国工业经济, 2016 (12): 7-24.

[166] 余泳泽. 创新要素集聚、政府支持与科技创新效率——基于省域数据的空间面板计量分析 [J]. 经济评论, 2011 (2): 93-101.

[167] 余泳泽. 我国高技术产业技术创新效率及其影响因素研究——基于价值链视角下的两阶段分析 [J]. 经济科学, 2009 (4): 62-74.

[168] 袁航, 朱承亮. 西部大开发推动产业结构转型升级了吗？——基于 PSM-DID 方法的检验 [J]. 中国软科学, 2018 (6): 67-81.

[169] 约瑟夫·熊彼特. 资本主义、社会主义与民主 [M]. 杨中秋译. 北京: 电子工业出版社, 2013.

[170] 约瑟夫·熊彼特. 经济发展理论 [M]. 孙明新编. 南昌: 江西教育出版社, 2014.

[171] 张莉, 朱光顺, 李夏洋. 重点产业政策与地方政府的资源配置 [J]. 中国工业经济, 2017 (8): 64-81.

[172] 张其仔, 李颢. 产业政策是应遵循还是违背比较优势？[J]. 经济管理, 2013, 35 (10): 27-37.

[173] 张新民, 张婷婷, 陈德球. 产业政策、融资约束与企业投资效率 [J]. 会计研究, 2017 (4): 13-19, 96.

[174] 赵嘉辉. 产业政策的理论分析和效应评价 [M]. 北京: 中国经济出版社, 2013.

[175] 郑绪涛, 柳剑平. 促进 R&D 活动的税收和补贴政策工具的有效搭配 [J]. 产业经济研究, 2008 (1): 26-36.

[176] 周黎安. 晋升博弈中政府官员的激励与合作——兼论我国地方保护主义和重复建设问题长期存在的原因 [J]. 经济研究, 2004 (6): 33-40.

[177] 周黎安. 中国地方官员的晋升锦标赛模式研究 [J]. 经济研究, 2007 (7): 36-50.

[178] 周立群, 邓路. 企业所有权性质与研发效率——基于随机前沿函数的高技术产业实证研究 [J]. 当代经济科学, 2009, 31 (4): 70-75, 126.

[179] 周叔莲. 产业政策问题探索 [M]. 北京: 社会科学文献出版社, 1988.

[180] 朱富强. 为何需要产业政策: 张维迎和林毅夫之争的逻辑考辩 [J]. 社会科学战线, 2017 (4): 51-68.

[181] 朱有为, 徐康宁. 中国高技术产业研发效率的实证研究 [J]. 中国工业经济, 2006 (11): 38-45.

[182] 祝继高, 陆峣, 岳衡. 银行关联董事能有效发挥监督职能吗？——基于产业政策的分析视角 [J]. 管理世界, 2015 (7): 143-157, 188.

［183］庄媛媛，吴兆义．关于战略性新兴产业界定及选择的探索［J］．中国集体经济，2011（33）：42-43．

［184］邹鲜红．我国医药制造业技术创新效率及其影响因素研究［D］．中南大学博士学位论文，2010．